PRÁTICAS INTERDISCIPLINARES NA ESCOLA

Dados Internacionais de Catalogação na Publicação (CIP)
(Câmara Brasileira do Livro, SP, Brasil)

Práticas interdisciplinares na escola / Ivani Catarina Arantes Fazenda, coordenadora – 11. ed. – São Paulo : Cortez, 2009.

Vários autores.
ISBN 978-85-249-0322-9

1. Currículos – Planejamento 2. Interdisciplinaridade na educação 3. Prática de ensino I. Fazenda, Ivani Catarina Arantes.

91-0985 CDD -375.001
-375.3

Índices para catálogo sistemático:

1. Currículos : Planejamento : Educação 375.001
2. Interdisciplinaridade : Currículos : Planejamento : Educação 375.001
3. Prática pedagógica : Educação 375.3

Carla M.A. Fazenda • Derly Barbosa
Dirce Encarnación Tavares • Ivani Fazenda
Ismael Assumpção • João Baptista Winck
Laurizete F. Passos • Leci S. de Moura e Dias
María de los Dolores J. Peña • Maria Elisa de M. P. Ferreira
Maria de Fátima Chassot • Maria Del Cioppo Elias
Mercedes A. Berardi • Marina Graziela Feldmann
Mírian Machado • Regina Bochniak • Ruy C. do Espírito Santo
• Sandra Lúcia Ferreira

IVANI C.A. FAZENDA
Coordenadora

PRÁTICAS INTERDISCIPLINARES NA ESCOLA

11ª edição

CORTEZ EDITORA

PRÁTICAS INTERDISCIPLINARES NA ESCOLA
Ivani Catarina Arantes Fazenda (Coord.)

Capa: Carla Fazenda
Montagem: Luiz Antonio Pinto Barbosa
Revisão: Maria de Lourdes de Almeida, Simone Brito de Araujo

Direitos para esta edição
CORTEZ EDITORA
Rua Monte Alegre, 1074 – Perdizes
05014-001 – São Paulo – SP
Tel.: (11) 3864-0111   Fax: (11) 3864-4290
E-mail: cortez@cortezeditora.com.br
www.cortezeditora.com.br

Impresso no Brasil – março de 2009

OS AUTORES

CARLA M. A. FAZENDA — Pesquisadora da Pontifícia Universidade Católica de São Paulo — PUC-SP

DERLY BARBOSA — Professor da Rede Pública e Particular de Ensino de São Paulo

DIRCE ENCARNACIÓN TAVARES — Professora da Faculdade Adventista São Paulo (SP)

ISMAEL ASSUMPÇÃO — Professor da Faculdade Álvares Penteado — FAAP (SP)

IVANI FAZENDA — Professora da Pós-Graduação da PUC-SP

JOÃO BAPTISTA WINCK — Pesquisador da PUC-SP

LAURIZETE F. PASSOS — Pesquisadora da FEUSP

LECI S. DE MOURA E DIAS — Professora da Universidade Federal de Viçosa (MG)

MARÍA DE LOS DOLORES J. PEÑA — Professora das Faculdades Associadas do Ipiranga, São Paulo e da Faculdade de Medicina — USP

MARIA ELISA DE M. P. FERREIRA — Professora da Faculdade Anhembi/Morumbi — FAM-SP

MARIA DE FÁTIMA CHASSOT — Pesquisadora da FEUSP

MARINA GRAZIELA FELDMANN — Professora da PUC-SP

MARISA DEL CIOPPO ELIAS — Professora da PUC-SP

MERCEDES A. BERARDI — Professora da Universidade Metodista (SP) e do Centro Universitário Paulista (CEUP)

MÍRIAN MACHADO — Pesquisadora da PUC-SP

REGINA BOCHNIAK — Professora da PUC-SP

RUY C. DO ESPÍRITO SANTO — Professor da PUC-SP

SANDRA LÚCIA FERREIRA — Supervisora da Rede Pública Municipal de São Paulo

Sumário

Os dois textos apresentados ao final da obra foram gestados por três alunos do curso sobre interdisciplinaridade, no ano de 1990, e produzidos no início de 1991.

São acrescentados aos demais textos produzidos anteriormente para lembrar ao leitor que a produção em sala de aula permanece: novos referenciais, novas formas de apresentação, novas formas de exercícios da interdisciplinaridade.

Ivani Catarina Arantes Fazenda
Coordenadora

Prólogo: Perceber-se interdisciplinar

Maria Elisa de M.P. Ferreira

É sentir-se componente de um todo.
É saber-se filho das estrelas,
Parte do Universo e um Universo à parte...

É juntar esforços na construção do mundo,
Desintegrando-se no outro, para, com ele,
Reintegrar-se no novo...

É ter consciência de que a Natureza o gerou:
De que é fruto dela, jamais seu senhor...

É saber que a Humanidade terrena surgiu de uma Evolução,
E que, talvez, não seja ela única no espaço sideral...

É saber que a liberdade está em afirmar-se integrando-se,
Que o crescer histórico consente em ser retardado,
Nunca eternamente impedido...

É reconhecer no "Uni-verso", "unidade na diversidade"
E estar consciente de que o evoluir é lei geral...

É saber que, etimologicamente, "mundus" é pureza
E (quem sabe?) encontrar a paz interior...

Pois,

> "Quando a mente é perturbada,
> produz-se a multiplicidade das coisas;
> Quando a mente é aquietada,
> a multiplicidade das coisas desaparece."*

* ASHAVAGHOSHA, *The Awakening of Faith*, apud CAPRA, F. *O Tao da Física*, São Paulo, Cultrix, 1986, 2.ª ed., São Paulo, p. 26.

Apresentando

Ivani C. A. Fazenda

Esta coletânea de textos, que tenho o prazer de apresentar, antecede uma outra, a ser publicada mais tarde, a respeito dos *Fundamentos de um Pensar Interdisciplinar.* Ela surge como primeira na seqüência, justamente por acreditarmos que, antes de pensarmos na construção de um projeto teórico interdisciplinar, é necessária uma leitura interior para constatar os principais momentos da vida profissional que foram marcados pela *interdisciplinaridade.*

Este livro surge como produto de um ano de trabalho de seus autores, estudando as questões *teóricas* da interdisciplinaridade — embora a teoria nestes textos seja mais pano de fundo do que cenário.

Cada texto foi modificado por seus autores tantas vezes quantas o grupo considerou necessárias para torná-lo claro, tendo a *transparência* como paradigma a ser utopicamente alcançado. Na verdade estes textos constituíram-se em pretexto para o exercício da interdisciplinaridade no ensino.

Pensamos em publicá-lo tal como ele foi concebido pelo grupo, mais com a intenção de *Convite,* não só a outras leituras, indicadas aqui como *apoio teórico,* mas Convite a que se aventurem a colocar no papel suas interpelações e dúvidas sobre a interdisciplinaridade.

Perceber-se interdisciplinar é o primeiro movimento em direção a um *fazer interdisciplinar* e a um *pensar interdisciplinar.*

Cada um dos autores constitui o seu texto, no limite pleno da subjetividade. Quanto a mim, constituí nesse período dois textos que, embora produzidos para outros eventos, foram lidos e discutidos pelo grupo. Um deles estabelece as relações entre um conhecimento disciplinar e um conhecimento interdisciplinar. O outro é uma reflexão sobre essa prática interdisciplinar de construção coletiva em sala de aula, que venho exercendo.

Os autores dessa coletânea foram meus alunos nos cursos que ministrei até agora na PUC-SP sobre Interdisciplinaridade, a saber: Interdisciplinaridade e Prática Pedagógica, Currículo, Comunicação e Pesquisa, e Epistemologia. Portadores de práticas variadas, aventuram-se a *falar* delas, analisando-as sob o paradigma teórico interdisciplinar que foi sendo construído na medida em que a prática se evidenciava.

Ivani C. A. Fazenda

1. Interdisciplinaridade: definição, projeto, pesquisa

Ivani C. A. Fazenda

A intenção da publicação deste artigo é poder ajudar aos que estão organizando currículos para diferentes cursos, bem como aos que se propõem desenvolver projetos interdisciplinares de pesquisa. Foi solicitado por pessoas que estudam as questões do meio ambiente. Procura levantar e problematizar algumas questões epistemológicas e práticas que envolveriam a construção de um projeto interdisciplinar de estudos.

No ano de 90, no período de 21 a 24 de maio, foi tema do Congresso Estadual Paulista sobre formação do educador rumo ao século XXI o levantamento de questões epistemológicas e práticas que envolveriam a formação do educador de amanhã. Recentemente, a XIII Reunião anual da ANPEd (Associação Nacional de Pós-Graduação em Educação), ocorrida em outubro em Belo Horizonte, tratou também dessas questões. Verificamos que a palavra mais pronunciada nesses eventos foi *interdisciplinaridade.* Esquecida em décadas passadas, volta agora como palavra de ordem das propostas educacionais, não só no Brasil mas no mundo.

Entretanto, ela é apenas pronunciada e os educadores não sabem bem o que fazer com ela. Sentem-se perplexos frente à possibilidade de sua implementação na educação. Essa perplexidade é traduzida por alguns na tentativa da construção de novos projetos para o ensino. Entretanto, percebe-se em todos esses projetos a marca da *insegurança.*

Minha primeira palavra refere-se à questão dessa *insegurança*, dizendo que ela faz parte do novo *paradigma emergente* do conhecimento. Tal como no caso da ciência moderna Descartes tinha exercido a *dúvida* em vez de a sofrer, é necessário que a ciência pós-moderna *assuma* a insegurança em vez de a *postergar*, mas assumir a insegurança pressupõe o fato de a exercer com responsabilidade.

Muitos estudiosos têm tomado para si a tarefa de definir a interdisciplinaridade e, nessa busca, muitas vezes se perdem na diferenciação de aspectos tais como: múlti, plúri e transdisciplinaridade.

Outros estudiosos estão mais preocupados com a forma como o movimento da interdisciplinaridade se desenvolve, procurando fazer retrospectivas históricas da evolução do conhecimento através dos séculos ou das marcas a ele imprimidas por alguns pensadores.

Penso que é necessário tomarmos conhecimento desses estudos antes de empreendermos o caminho da ação interdisciplinar, pois uma reflexão epistemológica cuidadosa possibilita consideráveis avanços, e tais avanços poderão permitir a visualização de projetos concretos de investigação que em parte possam corresponder ao novo *paradigma emergente* de conhecimento que está surgindo, embora precise ficar claro que em termos de conhecimento estamos ainda em fase de transição. Estamos bastante divididos entre um passado que negamos, um futuro que vislumbramos e um presente que está muito arraigado dentro de nós.

Sabemos, por exemplo, em termos de *ensino*, que os currículos organizados pelas disciplinas tradicionais conduzem o aluno apenas a um acúmulo de informações que de pouco ou nada valerão na sua vida profissional, principalmente porque o desenvolvimento tecnológico atual é de ordem tão variada que fica impossível processar-se com a velocidade adequada a esperada *sistematização* que a escola requer.

Por outro lado, a opção que tem sido adotada, da inclusão de *novas disciplinas* ao currículo tradicional, só faz avolumarem-se as informações e atomizar mais o conhecimento. O currículo tradicional, que já traduzia um conhecimento disciplinar, com esse acréscimo de disciplinas tende a um conhecimento cada vez mais disciplinado, onde a regra principal seria somente um policiamento maior às fronteiras das disciplinas. O efeito nada mais representaria que a punição aos que quisessem transpor essas barreiras.

Em alguns casos isolados, educadores de certas escolas têm deixado de lado os conhecimentos tradicionalmente sistematizados e organizados, e têm partido única e exclusivamente para a organização curricular a partir de uma exploração indiscriminada de conhecimentos do senso comum. Esquecem-se, com isso, que o senso comum, deixado a si mesmo, é conservador e pode gerar prepotências ainda maiores que o conhecimento científico.

Entretanto, o senso comum, quando interpenetrado do conhecimento científico, pode ser a origem de uma nova racionalidade, pode conduzir a uma ruptura epistemológica em que não é possível pensar-se *numa* racionalidade pura, mas em *racionalidades* — o conhecimento não seria assim privilégio de um, mas de vários.

O que com isso queremos dizer é que o pensar interdisciplinar parte do princípio de que nenhuma forma de conhecimento é em si mesma racional. Tenta, pois, o diálogo com outras formas de conhecimento, deixando-se interpenetrar por elas. Assim, por exemplo, aceita o conhecimento do senso comum como válido, pois é através do cotidiano que damos sentido às nossas vidas. Ampliado através do diálogo com o conhecimento científico, tende a uma dimensão utópica e libertadora, pois permite enriquecer nossa relação com o outro e com o mundo.

Um pensar nesta direção exige um projeto em que causa e intenção coincidam. Um projeto interdisciplinar de trabalho ou de ensino consegue captar a profundidade das relações conscientes entre pessoas e entre pessoas e coisas. Nesse sentido, precisa ser um projeto que não se oriente apenas para o produzir, mas que surja espontaneamente, no suceder diário da vida, de um ato de vontade. Nesse sentido, ele nunca poderá ser imposto, mas deverá surgir de uma *proposição*, de um *ato de vontade* frente a um projeto que procura conhecer melhor.

No projeto interdisciplinar não se *ensina*, nem se *aprende*: vive-se, exerce-se. A responsabilidade individual é a marca do projeto interdisciplinar, mas essa responsabilidade está imbuída do *envolvimento* — envolvimento esse que diz respeito ao projeto em si, às pessoas e às instituições a ele pertencentes.

O projeto interdisciplinar surge às vezes de um (aquele que já possuía em si a atitude interdisciplinar) e se contamina para os outros e para o grupo.

Num projeto interdisciplinar, comumente, encontramo-nos com múltiplas barreiras: de ordem material, pessoal, institucional e gnoseológica. Entretanto, tais barreiras poderão ser transpostas pelo desejo de *criar*, de *inovar*, de *ir além*.

O que caracteriza a atitude interdisciplinar é a ousadia da busca, da pesquisa: é a transformação da insegurança num exercício do pensar, num construir.

A solidão dessa insegurança individual que caracteriza o pensar interdisciplinar pode diluir-se na *troca*, no diálogo, no *aceitar* o pensar do outro. Exige a passagem da subjetividade para a *intersubjetividade*.

Uma das possibilidades de execução de um projeto interdisciplinar na universidade é a *pesquisa coletiva* onde exista uma pesquisa-mãe, que catalisaria as preocupações dos diferentes pesquisadores, e pesquisas-filhas, onde cada um pudesse ter o seu pensar individual e solitário. Outra questão que se coloca à universidade é a superação da dicotomia ensino/pesquisa. A necessidade de transformar desde a sala de aula dos cursos de graduação em locais de pesquisa, e que ela não fique reservada apenas ao pós-graduação.

Fazer pesquisa significa, numa perspectiva interdisciplinar, a busca da construção coletiva de um novo conhecimento, onde este não é, em nenhuma hipótese, privilégio de alguns, ou seja, apenas dos doutores ou livre-docentes na universidade.

Obras consultadas

FAZENDA, I.C.A. *Integração e Interdisciplinaridade no Ensino Brasileiro, Efetividade ou Ideologia.* São Paulo, Loyola, 1979.

————. "A Questão da Interdisciplinaridade no Ensino", *Educação e Sociedade,* n.º 27, de São Paulo, Cortez/Cedes, 1988.

————. "Interdisciplinaridade e Filosofia", *Revista de Ciências Sociais,* Universidade Federal da Paraíba, 1981.

————. *Interdisciplinaridade e Ensino.* São Paulo, Cortez, (prelo).

2. Ciência e interdisciplinaridade

Maria Elisa de M. P. Ferreira

Para ver o mundo num grão de areia
E um céu numa flor silvestre,
Segure o infinito na palma de sua mão
E a eternidade numa hora.

*William Blake**

A civilização da qual somos parte tem-nos apresentado a natureza como algo separado de nós. Forjou em nossas mentes uma concepção de mundo onde os fatos, os fenômenos, a existência, se apresentam de forma fragmentada, desconexa, cuja conseqüência é a angústia, a incompreensão da totalidade, o medo, o sofrimento.

Contudo, nem sempre as coisas se passaram dessa maneira. Quando esta mesma civilização desabrochou entre os gregos do século VI a.C., o mundo e seus elementos eram vistos como uma unidade. Essa cultura não separava filosofia, ciência, arte e religião: havia apenas o "conhecimento", a investigação do fenômeno em sua totalidade e, nessa época, chamava-se de *physis* todo e qualquer *ente.*[1]

---

* Poeta inglês, cit., in CAPRA, Fritjof. *O Tao da Física,* São Paulo, Cultrix, 1986, 2.ª ed., p. 222.

1. *Ente* = *Seiendes. Ente* é um substantivo erudito, derivado do latim (*ens, entis*), particípio presente do verbo *esse* (= ser). No texto, ente (*seiendes*)

É essa volta às raízes, esse "re-nascimento" da visão holística[2] de mundo que constitui a essência da *interdisciplinaridade.* Por isso, ser interdisciplinar é saber que o universo é um todo, que dele fazemos parte como fazem parte do oceano as suas ondas. Num momento a própria substância oceânica se encrespa, se agita, toma forma e se dilui sem jamais ter-se do seu todo separado ou ter deixado de ser o que sempre foi.

Para se compreender a íntima relação entre ciência e interdisciplinaridade é fundamental que entendamos o significado de *physis.* Deste termo se originou o vocábulo *física,* traduzido hoje por "natureza", designador da ciência que tem servido de suporte às demais. Ao mesmo tempo, tem sido o resgate de visão de mundo essencializada na *physis* o grande anseio da interdisciplinaridade.

O termo *physis* tenta traduzir em palavras o próprio fato da existência; significa originariamente o céu e a terra, as aves que voam, a flor que desabrocha... *Physis* é o vigor reinante em todo existente, é o "vir-a-ser" e o "ser", é o extrair-se de si mesmo do encoberto e, assim, deixar-se conhecer.

Não foi, contudo, através dos fenômenos naturais que a *physis* se mostrou aos gregos. Pelo contrário, foi devido a uma experiência total e profunda do ser[3], propiciada pela poesia e pelo pensar, que o vigor dominante se lhes des-velou.

Physis significava a *vida,* o "eu" e o "mundo", a alegria de existir; era ao mesmo tempo o que chamamos hoje de "seres vivos" e "seres inanimados". *Physis* não se restringia ao que denominamos "matéria": ela abraçava com o mesmo calor o anímico, animado, o vivente, o psíquico.

---

significa tudo aquilo que simplesmente é, indiferente ao seu modo próprio de ser. Assim, o homem, as coisas, os acontecimentos, as idéias, tudo, até mesmo o nada, enquanto é um nada, são entes (cf. Heidegger, Martin, *Introdução à Metafísica,* Rio de Janeiro, UnB/Tempo Brasileiro, 1978, p. 77).

2. O termo *holístico,* do grego *hólos,* totalidade, refere-se a uma compreensão da realidade em função de totalidades integradas cujas propriedades não podem ser reduzidas a unidades menores (cf. Capra, Fritjof, *O Ponto de Mutação,* São Paulo, Cultrix, 1986, p. 13).

3. *Ser = Seien.* Ser, escrito sempre com maiúscula, significa a diferença ontológica, isto é, a diferença *como tal,* entre o ente e o seu ser.

Porém, ao emigrar para a civilização latina, o conteúdo originário da palavra grega *physis* foi distorcido, perdeu sua força evocativa e passou a ser traduzido por "natureza" (de *natura* = nascer, nascimento).

Não foi algo trivial e inocente. A perda da essencialização dessa palavra deveu-se à diferente concepção que tinham do mundo os romanos. Não foi apenas um vocábulo que perdeu a sua força, foi a própria visão de universo que começou a se fragmentar perante a humanidade ocidental.

A *Physis*, originária de *phyein* (crescer, fazer crescer), presente no despontar do sol, no encrespar das ondas do mar, no nascer dos animais, no existir dos homens, se restringiu gradualmente até que, perdendo toda a sua força evocativa, passou a se identificar com o ente natural. Mas o "conhecer", a investigação, não podia ficar restrito a um dado domínio da natureza, fosse ele corpos sem vida, plantas ou animais. Era imperioso ultrapassar a limitação imposta pela então chamada "Física", era preciso ir além de *ta physica* (o ente natural). Em grego, "para além de" é expresso pela preposição *meta*. Eis, pois, que nasce a *meta ta physica* ou "metafísica", uma área do conhecimento que tenta, agora, investigar o que vai além do ente natural.

O que permeia esse processo não é simples nem inconseqüente: é a visão de mundo fragmentada, é o esfarelamento da existência, é a perda da unidade universal. Surge, dessa forma, a ciência como tal, multiplicada em reinos. Surgem a filosofia, a arte e a religião. Cada qual seguindo o seu caminho, desencontradas, antagônicas muitas vezes, retalhando o mundo e a integridade humana . . .

Mas, esse desvio não poderia perdurar eternamente. A unidade e a totalidade do universo, a cada instante, se faziam presentes. Embora a ciência e as demais áreas do conhecimento houvessem-se olvidado delas e tentassem se erguer a partir de fundamentos que as excluíam, suas vozes estavam sempre ecoando e levando muitos a discordarem da forma de ser da ciência oficial — era a legião dos que se denominam hoje de *interdisciplinares*.

O mesmo idioma latino que propiciou a perda da essencialização do termo *physis* serve hoje para seu resgate. O prefixo "inter", dentre as diversas conotações que podemos lhe atribuir, tem o significado de "troca", "reciprocidade"[4] e "disciplina", de "ensino", "instrução", "ciência"[5]. Logo, a interdisciplinaridade pode ser compreendida como sendo um ato de troca, de reciprocidade entre as disciplinas ou ciências — ou melhor, de áreas do conhecimento.

Interdisciplinaridade é uma atitude, isto é, uma externalização de uma visão de mundo que, no caso, é holística.

Tudo o que existe, todo "ente", se "vela", se "des-vela" e se "re-vela" ante os nossos olhos. A complexidade de cada fenômeno permite que apenas uma de suas perspectivas se nos mostre. Cada um de nós só pode apreender alguns dos infinitos aspectos de um fenômeno. Ele é perspectival e, mesmo usando de variação imaginativa, interrogando-o a partir de inúmeros pontos de vista, sempre teremos compreendido uma ínfima parte de suas infinitas possibilidades. A ciência atual, emergente, está cônscia disto. Daí a necessidade da "troca", da "reciprocidade" entre os cientistas. Ninguém é portador da "Verdade Absoluta". Para nós, seres humanos, ela inexiste. Nós apenas poderemos captar uma faceta de um fenômeno, assim mesmo num vislumbre, porque, ao mesmo tempo que ele se des-vela, ele se vela... (a cada descoberta surgem infinitas novas questões).

Ao homem cabe o prazer de buscar o inesgotável, de se inebriar na tentativa de conhecer o infinito... E, a partir da compreensão de sua verdadeira dimensão relativamente ao cosmos, ele pode, trocando o que se lhe desvelou da *physis* com os seus semelhantes, encontrar um equilíbrio interior que lhe permita conviver com a dúvida e a caminhar na incerteza.

Obras consultadas

CAPRA, Fritjof. *O Tao da Física*. São Paulo, Cultrix, 2.ª ed., 1986.

———. *O Ponto de Mutação*. São Paulo, Cultrix, 1986.

HEIDEGGER, Martin. *Introdução à Metafísica*. Rio de Janeiro, UnB/Tempo Brasileiro, 1978.

---

4. *Colloquimur inter nos* = "conversemos entre nós, i. e, juntamente" (Cícero, *De Oratore*, 1, 32; in *Dicionário Escolar Latino-Português*, Rio de Janeiro, MEC/DNE, 3.ª ed., 1962, p. 514.

5. Ibidem, p. 315.

3.

Interdisciplinaridade: uma tentativa de compreensão do fenômeno

Ismael Assumpção

Compreender a interdisciplinaridade em seus fundamentos e a partir de sua existência como "sendo" e "existindo" no mundo-vida[1] dos educadores se coloca, neste momento, como o nosso objetivo.

Nessa intencionalidade pretende-se analisá-la a partir do significado dos seus elementos constitutivos, ou seja, como este termo pode ser compreendido a partir do seu significado original. O termo Interdisciplinaridade se compõe de um prefixo — *inter* — e de um sufixo — *dade* — que, ao se justaporem ao substantivo — *disciplina* — nos levam à seguinte possibilidade interpretativa, onde: *inter,* prefixo latino, que significa *posição* ou *ação intermediária,* reciprocidade, interação (como "interação", temos aquele fazer que se dá a partir de duas ou mais coisas ou pessoas — mostra-se, pois, na relação sujeito-objeto). Por sua vez, *dade* (ou *idade*) sufixo latino, guarda a propriedade de substantivar alguns adjetivos, atribuindo-lhes o sentido de ação ou resultado de ação, qualidade, estado ou, ainda, modo de ser. Já a palavra *disciplina,* núcleo do termo, significa a epistemé, podendo também ser caracterizado como ordem que convém ao funcionamento duma orga-

1. MARTINS, J. e BICUDO, M. A. V. A Pesquisa Qualitativa em Psicologia — Fundamentos e Recursos Básicos. São Paulo, EDUC/Moraes, 1989.

nização ou ainda um regime de ordem imposta ou livremente consentida.

A interdisciplinaridade nomeia um encontro que pode ocorrer entre seres — *inter* — num certo fazer — *dade* — a partir da direcionalidade da consciência, pretendendo compreender o objeto, com ele relacionar-se, comunicar-se. Assim interpretada, esta supõe um momento que a antecede, qual seja a disposição da subjetividade, atributo exclusivamente humano, de perceber-se e presentificar-se, realizando nessa opção um encontro com-o-outro, a intersubjetividade.

A interdisciplinaridade guarda com a intersubjetividade uma ligação de identidade e de diferença. Identidade enquanto "interação", atitude própria do humano enquanto ser social que se fundamenta na afetividade, na compreensão e na linguagem, como existenciálias[2] básicas desse ser. Diferença, pois, como *disciplina* exige do sujeito que este mantenha a consciência direcionada ou em tensão para algo que acontece numa ação específica, o que se constitui na própria dialética homem-mundo.

A interdisciplinaridade mostra-se fundamentada na intersubjetividade, tornando-se presença através da linguagem como forma de comunicação e expressão humana.

Nesta perspectiva, configura-se como possibilidade de um ir além à qual Joel Martins[3] denomina de *trans-disciplinaridade,* onde — *trans* — pode ser visto como um movimento, um salto para fora, ultrapassando os limites que circundam a epistemé em ontologias regionais buscando a unidade do saber.

A interdisciplinaridade, vista do ponto de vista estático, traria em si uma visão cartesiana de relação biunívoca sujeito-objeto, compreendendo pontos de ligação entre os diferentes mundos humanos — do artista, do poeta, do matemático, do historiador, do geógrafo, do educador. Enquanto dinâmica, ultrapassaria a segmentação, recupera o homem da esfacelação e mutilação do seu ser e do seu pensar fragmentados.

---

2. Op. cit.
3. Op. cit.

A intenção, portanto, é recuperar com ela uma ontologia geral da produção do conhecimento, como abertura à comunicação entre os infinitos mundos vividos.

Assim, na ação unificadora do conhecimento resgata-se na dialética homem-mundo a possibilidade de serem educadas as novas gerações numa outra perspectiva.

4. Aspectos da história deste livro

Dirce Encarnación Tavares

Para que se possa entender a origem e a trajetória que seguiu o trabalho apresentado neste livro faz-se necessário algumas pinceladas da memória de seus envolvidos, o resgate de certos momentos.

Este texto é produto de uma história. Entretanto, é pobre, pois revela apenas aspectos, e a história só se enriquece quanto mais detalhada for. Dificilmente poderíamos destrinchar em minúcias todos os seus momentos. Sua evolução, porém, foi marcada por alguns fatos que decidimos recuperar.

Um grupo de estudos dedicado à *interdisciplinaridade* foi-se formando. Era um grupo bastante heterogêneo. Seus 22 membros, provenientes de diferentes localidades brasileiras, com profissões diversificadas, experiências e personalidades diversas, tinham, porém, uma finalidade comum: a vontade de pesquisar e de trocar.

A princípio, o grupo de estudos sentiu certa dificuldade em organizar-se, debater e escrever um material para publicar; pois o grupo era muito diversificado. Alguns já haviam vivenciado a experiência de participar, há dois anos, de cursos sobre interdisciplinaridade. Os mais antigos do grupo já possuíam uma bagagem mais ampla e apurada de conhecimentos, e isto facilitava a elaboração de textos, mesmo porque muitos artigos já haviam sido escritos no decorrer do curso.

Por outro lado, formavam o grupo, também, muitos calouros, que iniciavam o seu primeiro curso. Grande parte deles nunca havia deixado antes uma pausa em suas vidas para refletir e pesquisar sobre interdisciplinaridade. Mesmo que a vida por si possa ser interdisciplinar, muitos dos novos do grupo ainda não haviam experimentado conscientemente essa vivência. Intuitivamente, alguns já possuíam uma atitude interdisciplinar no seu cotidiano, porém ainda não haviam tomado a distância teórica para análise. Só no curso tiveram a oportunidade de entrar em contato com certos subsídios teóricos que permitem um aprofundamento das diversas questões que envolvem a interdisciplinaridade.

Nesse sentido, foram discutidas questões tais como: o conceito de interdisciplinaridade, o papel da linguagem e da identidade, a importância da história de vida e do resgate de memória, a construção de uma utopia. O curso mudava de nome: Interdisciplinaridade e Prática Pedagógica, e Currículo e Comunicação, a cada semestre, entretanto a troca de idéias sem barreiras, sem preconceitos ou comodismos pela equipe de trabalho foi constante. A linguagem era comum a todos e a preocupação com a tentativa de se construir e elaborar um saber mais consistente e abrangente foi a soma dos esforços de cada um.

Além do grupo já estruturado, surgiram grupos extras de estudo, nos quais textos sobre o assunto em pauta em sala de aula e outros foram discutidos e aprofundados. Isto contribuiu para a construção de uma atitude que acreditamos interdisciplinar, pois, de busca constante, de investigação.

O entusiasmo e rigor ocorridos na construção do grupo permaneceu também na hora de escrever os artigos para divulgação da experiência.

Todos os artigos constantes deste livro foram escritos e reescritos diversas vezes após discutidos com os membros do grupo, buscando com isso não só melhor clareza na exposição das idéias, como maior representatividade.

Por dois motivos básicos, nem todos os textos elaborados foram escolhidos e inseridos neste caderno: primeiro, porque alguns autores não puderam dar um acompanhamento na leitura final dos mesmos, seja devido às suas atividades extras, seja por residirem em outros Estados; segundo porque, apesar do conteúdo interessante, alguns textos não atendiam a proposta inicial apresentada e discutida pela equipe. Poderíamos ter optado por outros caminhos. Optamos, porém, junto com a equipe, por este.

A discussão sobre interdisciplinaridade sempre transcorreu num movimento acentuado no sentido de buscar caminhos que favorecessem a educação. Quanto à conceituação do termo, muito foi discutido. Vários conceitos, além dos já conhecidos, surgiram. Citamos, como exemplo, a definição de María de los Dolores[1], para quem interdisciplinaridade deve ser compreendida "desprovendo-se do conceito absoluto da palavra 'disciplina' e resgatando o conceito da palavra 'inter', aceitando o subjetivismo que ela pode representar, deixando que o *eu* interior construa o caminho de uma proposta coletiva, despojada de conceitos pré-concebidos arraigados no consciente". Entretanto, apesar de cada um dos integrantes do grupo ter concluído num momento sobre a conceituação, acreditamos que é um tema que precisa sempre ser rediscutido.

A prof.ª Ivani é uma das pessoas deste país fortemente envolvidas e que muito têm estudado e têm-se preocupado com as questões da interdisciplinaridade no ensino. Sua atitude, não só no seu cotidiano particular, mas em sala de aula, encontros, seminários etc., demonstra que interdisciplinaridade não fica apenas no campo da intenção, mas na ação, que precisa ser exercitada. Para ela, o termo *interdisciplinaridade* não possui um sentido único e estável. Afirma que, com os estudos sobre o assunto, não se pretende a construção de uma superciência, mas uma proposta de apoio aos movimentos da ciência e da pesquisa, uma mudança de atitude frente ao problema do conhecimento, uma substituição da concepção fragmentária para a unitária do ser humano. Além de uma atitude de espírito, a interdisciplinaridade pressupõe um compromisso com a totalidade. Em uma de suas exposições, a prof.ª Ivani acrescenta que a abstração teórica pura não conduz a nada, precisa estar consubstanciada na prática. Não acha desnecessária a conceituação do termo *interdisciplinaridade,* ao contrário: se assim pensasse, estaria negando a sua própria prática.

Outra conclusão a que o grupo chegou é que o modo de interpretar a interdisciplinaridade não tem forma definida. Constrói-se

---

1. Os diversos nomes citados neste histórico são de profissionais que fazem parte do grupo de estudos sobre interdisciplinaridade.

a partir do modo como cada um vê o mundo, da sua vivência, do seu envolvimento etc. Ismael Assumpção vê a interdisciplinaridade através da sua experiência educacional no mundo das artes (ensino da arte). A partir dessa visão, a definição do termo para ele é bem particular.

Certos educadores, entretanto, vêm utilizando-se desse termo sem pensar no seu significado mais profundo. Como diz Ruy, "a definição acaba caindo numa delimitação", a repetição do termo leva ao uso indiscriminado por educadores e outros estudiosos.

Na tentativa de interpretar a colagem, transposta na figura de uma colcha de retalhos apresentada por Rosvita, no início de um dos cursos para definir interdisciplinaridade, Helena salientou que "tal colcha de retalhos nos remetia à idéia da necessidade do homem de viver em sociedade. Todo ser humano necessita compartilhar suas experiências com os outros, dividir suas alegrias, suas tristezas e seus problemas. O contato com o semelhante ajuda-o a suportar o 'fardo da existência', visto que, unindo-se a outros, se sentirá mais forte para vencer as adversidades da vida". É necessário haver uma profunda alteração nas relações sociais, colaborando, assim, com o ímpeto de viver do ser humano. Isto só será possível quando o vírus da fragmentação estiver sendo exterminado.

O caminho interdisciplinar é amplo no seu contexto e nos revela um quadro que precisa ser redefinido e ampliado. Tal constatação induz-nos a refletir sobre a necessidade de professores e alunos trabalharem unidos, se conhecerem e se entrosarem para, juntos, vivenciarem uma ação educativa mais produtiva.

O papel do professor é fundamental no avanço construtivo do aluno. É ele, o professor, quem pode captar as necessidades do aluno e o que a educação lhe proporcionar. A interdisciplinaridade do professor pode envolver e modificar o aluno quando ele assim o permitir.

A exemplo, verificamos o caso da física Maria Elisa. Ela separava o seu "eu" poético do seu "eu" cientista. A partir do momento em que se cobriu com a vestimenta do seu "eu" interdisciplinar, conseguiu descobrir o "eu" integral, não-fragmentado, que havia nela. Realizou então um texto harmonioso, constante neste livro, dentro de uma visão holística[2], integrando poesia e ciência.

A visão da colcha de retalhos, citada acima, mostrando um aspecto de totalidade, integração, harmonia etc., sustentou e regeu o grupo durante parte da sua caminhada. A metáfora representada pela colcha de retalhos acabou por não satisfazer plenamente o grupo. Como um movimento de uma espiral ascendente, esse grupo evoluiu da idéia inicial da colcha de retalhos para a interpretação da metáfora representada pela apresentação ao vivo de uma sinfonia no texto elaborado por Sandra.

Entretanto, a dúvida inicial persiste: o que nos torna às vezes interdisciplinares?

Seria apenas o fato de lermos inúmeros autores e construir a partir deles nossas próprias idéias e nossas práticas? Cremos que não, pois assim não captaríamos o que é incomum, visto que "o que incomum é o que está no enunciado de cada prática", como diz Derly; entretanto, se entendemos interdisciplinaridade como um projeto de envolvimento que parte do individual para o coletivo, ou seja, um constructo possível, podemos concluir que este grupo perseguiu uma utopia interdisciplinar. Por esta razão teve necessidade de registrar e expor tal momento.

Referências bibliográficas

CAPRA, F. *O Ponto de Mutação*. São Paulo, Cultrix, 1982.

FAZENDA, I. C. A. — *Integração e Interdisciplinaridade no Ensino Brasileiro*. São Paulo, Loyola, 1979.

2. O termo *holístico*, do grego *holos* = *totalidade*, refere-se a uma compreensão da realidade em função de totalidades integradas cujas propriedades não podem ser reduzidas a unidades menores (Capra, F., 1982).

5.

Introduzindo a noção de interdisciplinaridade

Sandra Lúcia Ferreira

Conceituar interdisciplinaridade é tarefa bastante complexa, uma vez que esta palavra envolve uma acumulação fantástica de equívocos e possibilidades.

Equívocos quanto à sua definição, que, ao ser interpretada por muitos autores — multidisciplinaridade, pluridisciplinaridade, transdisciplinaridade* — corre o risco de perder a sua característica maior que é a concepção única do conhecimento. Há ainda os que confundem e empobrecem a noção de interdisciplinaridade, estreitando o seu campo de atuação, comparando-a com as definições de integração, interação ou inter-relação.

Possibilidades quanto à apreensão do termo, que, depois de entendido como atitude, servirá de instrumento para as reais transformações emancipatórias.

Para iniciarmos o trabalho de introduzir a compreensão de interdisciplinaridade, utilizaremo-nos de uma metáfora: o conhecimento é uma sinfonia. Para a sua execução será necessária a presença de muitos elementos: os instrumentos, as partituras, os músicos, o maestro, o ambiente, a platéia, os aparelhos eletrônicos etc.

---

* FAZENDA, Ivani C. Arantes. *Integração e Interdisciplinaridade no Ensino Brasileiro.* São Paulo, Edições Loyola, 1979.

A orquestra está estabelecida. Todos os elementos são fundamentais descaracterizando, com isso, a hierarquia de importância entre os membros. Durante os ensaios as partes se ligam, se sobrepõem e se justapõem num movimento contínuo, buscando um equilíbrio entre as paixões e desejos daqueles que a compõem.

O projeto é único: a execução da música. Apesar disso, cada um na orquestra tem sua característica, que é distinta. Cada instrumento possui elementos que o distinguem dos demais. O violino é diferente do piano, tanto na forma como na maneira de ser tocado. Para que a sinfonia aconteça, será preciso a participação de todos. A integração é importante, mas não é fundamental. Isto porque na execução de uma sinfonia é preciso a harmonia do maestro e a expectativa daqueles que assistem.

Também na construção do conhecimento a integração das muitas ciências não garante a sua perfeita execução. A interdisciplinaridade surge, assim, como possibilidade de enriquecer e ultrapassar a integração dos elementos do conhecimento.

A interdisciplinaridade perpassa todos os elementos do conhecimento, pressupondo a integração entre eles. Porém, é errado concluir que ela é só isso. A interdisciplinaridade está marcada por um movimento ininterrupto, criando ou recriando outros pontos para a discussão. Já na idéia de integração, apesar do seu valor, trabalha-se sempre com os *mesmos* pontos, sem a possibilidade de serem reinventados. Busca-se novas combinações e aprofundamento sempre dentro de um mesmo grupo de informações.

A apresentação da sinfonia se inicia. Apesar da partitura, o nosso trabalho se amplia e se transforma a cada novo movimento, confirmando a idéia de que não há verdades absolutas nem universos acabados. Neste movimento a interdisciplinaridade perde a razão de ser um conceito com definição fechada.

Apesar de não possuir definição estanque, a interdisciplinaridade precisa ser compreendida para não haver desvio na sua prática. A idéia é norteada por eixos básicos como: a intenção, a humildade, a totalidade, o respeito pelo outro etc. O que caracteriza uma prática interdisciplinar é o sentimento intencional que ela carrega. Não há interdisciplinaridade se não há intenção consciente, clara e objetiva por parte daqueles que a praticam. Não havendo intenção de um projeto, podemos dialogar, inter-relacionar e integrar sem no entanto estarmos trabalhando interdisciplinarmente.

A apreensão da atitude interdisciplinar garante, para aqueles que a praticam, um grau elevado de maturidade. Isso ocorre devido ao exercício de uma certa forma de encarar e pensar os acontecimentos. Aprende-se com a interdisciplinaridade que um fato ou solução nunca é isolado, mas sim conseqüência da relação entre muitos outros.

6.
Interdisciplinaridade: em tempo de diálogo

Leci S. de Moura e Dias

Relatar os fatos que povoam a minha memória é um momento muito importante, pois me leva a seguir o caminho da formação da minha identidade, identidade esta que passa pelo unitário e pelo coletivo das identidades daqueles que estão e estiveram comigo nessa caminhada. É importante, também, como espaço de interrogação, reflexão, o que me leva a entender o que fiz, como fiz e por que fiz e a buscar o que posso fazer, como fazer e por que fazer, visando estabelecer uma relação holística, interdisciplinar com o processo ensino/aprendizagem.

Este relato é seletivo, pois passa pelo crivo da minha memória, o que me leva a considerar os fatos aqui relatados os mais importantes, os mais significativos nessa minha trajetória.

O REFLETIR DE UMA PRÁTICA: PARA A SUA TRANSFORMAÇÃO

Sempre tive como objetivo e projeto de vida trabalhar a questão da educação, seja como professora, em sala de aula, ou como técnica em educação, assessorando e acompanhando outros profissionais em questões ligadas ao processo ensino/aprendizagem.

Minha primeira experiência como educadora foi quando do meu estágio, para cumprir as exigências do Curso Normal. Num primeiro momento, como observadora solitária e calada, o silêncio imposto em sala de aula não me permitia perceber que os alunos que ali estavam traziam consigo diferentes histórias de vida, que cada um era único e, como tal, tinha interesses específicos, possibilidades distintas, experiências individualizadas, que não eram consideradas no dia-a-dia em sala de aula. E, ainda mais, não percebia eu que esses interesses, essas possibilidades e experiências individualizadas podiam ser trabalhados coletivamente.

Posteriormente, já como educadora, na prática de "dar aulas", pude constatar as dificuldades de cada aluno, quando me detia a conferir os resultados obtidos por eles nos exercícios propostos, no desempenho da linguagem escrita e da restrita linguagem oral. Posso dizer, sem constrangimento, que, naquele momento, uma vez mais, não podia perceber que a não-obtenção de um bom resultado nos exercícios propostos e o não-satisfatório desempenho da linguagem escrita e oral eram respostas de que aquele universo proposto não era o universo necessário a eles. Eu não tinha clareza para perceber que não era aquilo que eles esperavam da escola, que os exercícios matemáticos eram abstratos, que a linguagem oral e escrita não era a utilizada por eles no dia-a-dia, mas sim uma linguagem imposta, de fora.

A questão do porquê da não-aceitação e da dificuldade de linguagem oral e escrita entre os alunos permaneceu comigo e me seguiu até uma escola rural, onde lecionei para duas séries em uma mesma sala de aula, no mesmo horário. Ali, o contraste entre a linguagem oral e escrita do aluno e a contida nos livros-textos — exigida pela escola — era ainda mais forte, pois essa não era a linguagem deles, mas sim a linguagem de um mundo que não lhes pertencia. E tal exigência da escola fez e ainda faz com que muitos alunos dela se evadam. Alguns deles nunca voltarão à escola, outros o farão, mas somente quando adultos.

A situação do trabalho com educação de adultos também foi vivenciada por mim. Era uma nova experiência como educadora, agora envolvida com aqueles repetentes e evadidos que não se encontraram na escola, que não foram aceitos por ela como eram, aqueles filhos do silêncio. Ainda aqui repete-se a mesma prática pedagógica que não leva em conta a situação existencial do aluno. Na verdade, pensar em formação, concebida como ler, escrever e contar, não bastava. Eram-lhes necessárias a leitura e a escrita da sua realidade. E isto não era feito. A prática social daqueles alunos não era vivenciada.

Hoje me interrogo: será que aqueles alunos procuravam, ali, resgatar o tempo perdido, a dívida que a instituição escola tinha para com eles, no sentido de transformar, pelo menos o meio em que eles viviam? Não seria a minha função naquela escola fazer com que os alunos obtivessem um saber que lhes permitisse "a tomada de consciência sobre o sentido da presença do homem no mundo"? (Japiassu, 1976:31). Um saber que lhes permitisse ler e escrever sua própria história? Um saber que lhes permitisse interpretar o mundo que os rodeia? Em se tratando de escolarização de adultos, em sua grande maioria trabalhadores, não seria necessário relacionar o saber com o trabalho, se é por meio dele que o homem, "como um ser criador e recriador" (Freire, 1980:124), cria, recria e altera a realidade? Não seria função da escola produzir com o aluno um novo conhecimento, aplicável à sua vida prática, para que ele o utilize como instrumental para ler o mundo que o rodeia, interpretá-lo, perceber-se nesse mundo e nele intervir?

Caminho com essas interrogações para o 3.º grau de ensino. Assim que iniciei os meus trabalhos, senti necessidade de uma fundamentação filosófica que direcionasse o meu trabalho em educação. Nesse trabalho relembrava minhas experiências anteriores com a produção e a distribuição do conhecimento, e queria avançar nesse caminho à procura de uma posição na qual eu pudesse olhar o universo didático como um todo, para pensá-lo de uma maneira mais ampla, total, estabelecendo relações dentro do conteúdo.

Diante dessa procura já não me era possível uma postura de neutralidade. Era necessário o meu engajamento numa tarefa que julgasse comprometida com a minha mudança e a daqueles que me rodeavam, consciente do meu papel e do dos outros. Era necessário que eu percebesse a perda de identidade da instituição escola e da sua função, legitimando a injustiça social e a discriminação, valorizando apenas o saber daqueles que dominam, o saber que vem de fora, desapropriando aqueles que nela estão de um saber que lhes é inerente, que é produzido por eles. Era necessário resgatar esse saber produzido, resgatar essa história, uma vez que, sistematizados, chegariam a ser compromisso com quem os produziu, servindo-lhe de instrumento de luta e transformação social. Era necessária uma prática pedagógica que tivesse como ponto de chegada e de partida o conhecimento produzido pela situação existencial do aluno, conhecimento este que advém de seus interesses, de suas necessidades práticas, de sua história de vida.

TRILHANDO NOVOS CAMINHOS

Todas essas questões começaram a se compor a partir do momento em que comecei a trabalhar a questão da interdisciplinaridade. Isto aconteceu quando me matriculei na disciplina Interdisciplinaridade e Comunicação. Com o grupo, partindo do pressuposto de que "as relações humanas se apóiam na linguagem", de que "a palavra não intervém para facilitar tais relações: constitui-as", de que "o universo do discurso recobriu e transfigurou o ambiente material" (Gusdorf, 1970:8), aprendi que, para modificar aquele quadro por mim apresentado, seria necessário trilhar por dois caminhos. O primeiro seria utilizar-se da dialogicidade como método, que constituir-se-ia em mediadora entre a teoria e a prática, desencadeando um processo constante, contínuo, de ação/reflexão/ação. O segundo seria a auto-organização, concretizada num projeto coletivo de trabalho, assumido com responsabilidade e com cooperação consciente por todo o grupo, tendo em vista a direção política pretendida.

Dialogicidade: espaço do aprender, do construir, do reconstruir — espaço do ser

Em seu contato do dia-a-dia com o grupo percebi que a dialogicidade vai acontecendo numa prática em sala de aula, pois era o que se passava conosco. Aqui, o papel do educador era "ensinar a aprender, a se construir ou a se reconstruir" (Japiassu, 1975:153). Pelo diálogo aprendíamos a nos conhecer e, à medida que nos íamos conhecendo, íamos, também, descobrindo-nos, desvelando-nos e, a partir daí, criando-nos e recriando-nos criticamente, por meio da "pedagogia da comunicação" (Fazenda, 1979:57). A criação e a recriação advinham de uma reflexão profunda sobre nós, enquanto indivíduos, membros de um grupo. Nesta reflexão eram incorporados conceitos, técnicas e informações sistematizados, que serviam de subsídios à elaboração de técnicas, conceitos e informações adequados à nossa situação vivencial, partindo-se da nossa necessidade imediata. Nesta relação — utilização X necessidade — o diálogo era básico, fundamental, essencial em todo o processo, momento em que o eu individual e o eu coletivo se ajudavam mutuamente, confiavam-se, já que o individual aprendia com o coletivo e se apercebia de que precisava aprender a aprender com o outro, pois, sem o outro, a sua verdade é fragmentada. Só com o outro é que a sua verdade, a partir da soma de outras verdades também fragmentadas, comporá a realidade. Tal realidade, em formação e transformação constantes, não se comporia de forma viva, se não pudesse lançar mão de uma informação que passa pelo crivo crítico do grupo. Se essa informação for acrítica, ao invés de compor a realidade, deforma-a, pois a imagem que fazemos do mundo que nos rodeia advém de uma interpretação que se embasa em informações recebidas, sistematizadas ou não (Japiassu, 1975).

Nesse nosso convívio, era necessário que cada um participasse com o que tinha de seu, com a sua capacidade, com as suas dúvidas e incertezas, elementos que se ampliavam e se desenvolviam durante a prática dialogal que era estabelecida no processo ensino/aprendizagem em sala de aula. Esse processo não se resumia em imitar o outro, mas sim em construir a nossa própria história, a nossa identidade, criando-nos enquanto elementos participantes de um todo, cientes de que "tanto a memória como a identidade são em grande parte sociais. A memória se torna viva no ato da narração e a identidade é percebida quando o próprio eu é apresentado a outro" (Scheibe, 1985:46).*

A partir daí, estabelece-se um paralelo entre a forma de produção de um conhecimento dentro da realidade vivenciada por nós, em sala de aula, e a forma como são produzidos os conhecimentos numa abordagem funcionalista. Percebi, ainda, que o senso comum, presente nos primeiros momentos de nossas discussões, estava distante da forma de se produzir um novo conhecimento, mas que ele podia ser trabalhado, discutido, superado e transformado em bom senso, como o foi pelo diálogo, não descartando-o, mas utilizando-o

* Ver *IDENTIDADE: Teoria e Pesquisa,* diversos autores. São Paulo, Educ, 1985 (série Cadernos PUC — Pontifícia Universidade Católica de São Paulo, n.º 20).

para estabelecer um liame entre a cultura anterior e a crítica do agora. E isto se deu, na prática, na concretização do projeto coletivo.

Projeto coletivo: uma proposta conjunta de reconstrução do saber

Quando ingressei no grupo de discussão do projeto coletivo, este já estava composto, há mais de um ano, trabalhando de forma interdisciplinar. Já estava com uma proposta de projeto de trabalho — um caderno sobre interdisciplinaridade — que conteria a produção coletiva do grupo. Esse projeto, para ser realizado, dependia fundamentalmente da auto-organização, da responsabilidade e da cooperação consciente de todo o grupo, visando concretizar a relação professor-aluno/conhecimento.

Por não ter convivido com o grupo desde a sua formação, tive algumas dificuldades para entender sua proposta de trabalho coletivo, que era a seguinte: cada membro do grupo produziria um texto, que se iniciava na verbalização, no relato de memória da realidade vivenciada por cada um, de onde eram retirados os temas a serem trabalhados. Nesta fase, o resgate de memória era o instrumental utilizado para se trabalhar a identidade do grupo, "passando da conquista de uma identidade individual para uma identidade coletiva" (Fazenda, 1988:68).

Assim que cada texto era elaborado, o autor o datilografava e o distribuía aos demais membros do grupo. Estes textos eram lidos e discutidos com o grupo, momento em que eram analisados criticamente. Nessa análise constavam acréscimos, supressões de frases, substituições de expressões, sentidos etc. Após essa análise crítica, o autor reescrevia o texto e o trazia para ser submetido a uma nova apreciação pelo grupo.

Enquanto eu escrevia o meu primeiro texto, procurava assimilar tudo o que tinha lido sobre interdisciplinaridade, em materiais indicados por um colega, quando eu ainda não fazia parte do grupo. No entanto, esquecia-me de que ler não é vivenciar, e isto eu não tinha feito, vivenciado, o que foi logo denunciado em meu texto. Quando eu o li para os demais colegas, estas foram as principais críticas: impessoalidade e falta de relato do vivenciado. Enfim, sugeriram-me que eu reescrevesse o texto. Quando me propus a reescrevê-lo, senti que era necessário praticar o diálogo. Era necessário que eu participasse um pouco mais das discussões dos textos elaborados por meus colegas, para depois compor o meu. Era necessário que eu vivesse interdisciplinarmente para falar da minha oratória com ela e não para falar sobre ela.

Dessa forma, aos poucos fui internalizando a linguagem do grupo, que anteriormente me parecia estranha, uma vez que eu convivia com textos escritos de forma impessoal, dentro dos parâmetros da chamada linguagem científica. No entanto, o mais importante foi viver o grupo. Dessa vivência ficou a certeza de que interdisciplinaridade é um constructo que não se explica, mas que se vive, e é isto que eu relato — minha vivência com o grupo.

EM BUSCA DE UM NOVO QUE FAZER

Pela trajetória da minha vida estudantil e funcional tenho, hoje, uma síntese parcial do que seja o ensino, desde o 1.º até o 3.º grau, e vejo como são comuns os problemas fundamentais nesses três níveis.

Hoje, depois de ter vivenciado essa experiência, tenho clareza do posicionamento da racionalidade técnica com a racionalidade social do ensino. Necessário se faz, portanto, a revisão da minha caminhada anterior. Retomo essa caminhada de forma analítica, em busca da síntese, ou seja, da totalidade do que significa o cotidiano, o fazer da escola, produzindo, transmutando e aplicando novos conhecimentos. Minha busca é construir uma visão de totalidade, de um referencial prático e teórico para a compreensão do fenômeno sócio-educativo na escola.

Essa experiência permitiu-me também perceber que é necessária a transformação do indivíduo em si mesmo pela linguagem, vendo-o como produtor da sua história e não como reprodutor de histórias alheias. Desta forma, além de sujeito, agente na oralidade, ele produzirá conhecimento próprio. Com isto, remeto-lhe àquelas minhas experiências como educadora: os alunos pouco falavam, não tinham espaço para se comunicarem, para dialogarem, para contarem e escreverem a sua história, para ouvirem a história do outro. Essa história do outro é importante, não como algo acabado, mas como algo complementar, participante, fundamental no envolvimento daqueles que se propõem a levar avante um projeto de vida.

Hoje sei que de nada adianta questionar os alunos, se eles não têm como retorno a oportunidade de discutir, de refletir, no sentido de se conscientizar da necessidade da busca da resolução dos problemas do ensino/aprendizagem, a partir de um trabalho coletivo, em sala de aula, alunos e professores juntos. Daí emergirão os temas para as suas discussões, à procura de um caminho comprometido com uma visão política transformadora. Deste modo, a relação professor-aluno/conhecimento se faz na prática, determinando a teoria que, por sua vez, vem recriar a prática.

Nesse repensar identifico duas etapas do meu processo de amadurecimento, enquanto membro desse grupo. A fase inicial, caracterizada pela não-compreensão do método utilizado. Esta foi uma fase de tomada de conhecimento, de aprendizado da nova realidade na qual eu me encontrava inserida e, sobretudo, de experimentação. No momento, encontro-me numa fase de questionamento, de reflexão. As contradições apresentam-se evidentes e existe um amadurecimento maior para encará-las, impedindo que eu assuma posições neutras e mecanistas, de forma ingênua. Existe um amadurecimento maior para buscar as unidades das minhas atividades profissionais, visando trabalhar a relação professor-aluno/conhecimento, discutindo e rediscutindo cada passo dessa relação, problematizando-a, buscando as suas respostas na construção do seu próprio conhecimento, tornando-nos agentes de um processo que tenha como referência um projeto participativo. A construção desse projeto educativo pretendido exige aptidão para trabalhar coletivamente e para encontrar na organização conjunta os fins e os meios sociais e políticos almejados.

CONCLUSÃO

A travessia da escola de concepção funcionalista para a escola de concepção dialética não é um caminho fácil, mas é esta caminhada que pretendo empreender a partir da reflexão crítica da minha prática, em confronto com o processo de investigação crítica da minha história de vida. Hoje sei que por meio da interdisciplinaridade poderei aprofundar-me em minhas reflexões e, assim, compreender melhor minha prática e seus determinantes, transformando-a e a mim sempre mais.

Pretendo ter estas reflexões como uma constante, para que eu e meus colegas juntos possamos construir uma escola que tenha o diálogo como marca permanente, cientes de que "a verdade do conhecimento é uma procura, e não uma posse" (Japiassu, 1975:149).

Referências bibliográficas

FAZENDA, I. C. A. *Integração e Interdisciplinaridade no Ensino Brasileiro: Efetividade ou Ideologia.* São Paulo, Loyola, 1979 (col. Realidade Educacional, 4).

———; LIMA, M. de L.R.; ANDRÉ, M.E.D.A. e MARTINS, P.L.O. *Um Desafio Para a Didática — Experiências, vivências, pesquisas.* São Paulo, Loyola, 1988 (col. Espaço, 13).

FREIRE, Paulo. *Educação Como Prática de Liberdade,* 11.ª ed. Rio de Janeiro, Paz e Terra, 1980.

GUSDORF, Georges. *A Fala.* Trad. João Morais-Barbosa. Porto, Edições Despertar, 1970.

IDENTIDADE: Teoria e Pesquisa, diversos autores. São Paulo, Educ, 1985 (série Cadernos PUC — Pontifícia Universidade Católica de São Paulo, 20).

JAPIASSU, Hilton. *O mito da neutralidade científica.* Rio de Janeiro, Imago, 1975.

———. *Interdisciplinaridade e Patologia do Saber.* Rio de Janeiro, Imago, 1976.

7. Uma experiência interdisciplinar

Ruy C. do Espírito Santo

A partir das leituras feitas para o curso, passei a não só tomar consciência do processo como, de forma fascinante, pude aproximar ainda mais a prática da teoria, no trabalho docente, que continuo desenvolvendo na PUC-SP.

O início dessa atividade docente remonta à década de 70 e ao surgimento da disciplina Estudo de Problemas Brasileiros. A atribuição que me foi conferida de ministrar tal cadeira constituía-se num desafio pedagógico e ideológico.

Os alunos rejeitavam a proposta da disciplina, que tinha o claro objetivo de reproduzir a doutrina da Escola Superior de Guerra (ESG) ou ainda a chamada "Doutrina de Segurança Nacional", gerada no governo militar vigente. Por outro lado, o programa deixava pequena margem de mobilidade para o docente.

Porém, o espaço livre deferido pela PUC-SP permitiu o início de uma experiência da qual, hoje, passados vinte anos, percebo o sentido profundo. É como o trabalho de um tecelão que no momento do ponto tecido não tem a visão global da obra que vem sendo realizada. Neste ponto, faz-se mister acrescentar que eu mesmo não me dava conta do processo desenvolvido.

Tenho hoje presente, pelos motivos que descreverei adiante, que se tratou de obra de criação coletiva, na qual muito aprendi com os alunos que empreenderam comigo essa caminhada. Se virtude houve do professor foi abrir esse espaço à criação.

Esse foi o primeiro ponto de contato com a interdisciplinaridade. Foi o trabalho desenvolvido com a identidade dos alunos. De fato, tendo sessenta horas de curso, passei a dedicar o primeiro semestre, ou seja, as primeiras trinta horas, a esse trabalho de identidade.

A dificuldade inicial foi encontrar a ligação possível desse trabalho com a proposta da disciplina, para que minimamente pudesse justificar o programa desenvolvido, apesar de toda a liberdade que sempre tive.

A idéia concretizou-se a partir da reflexão simples de que todos os "problemas brasileiros" tinham início dentro das pessoas, ou seja, "dentro dos brasileiros", quaisquer que fossem. Assim, trabalhar a identidade dos alunos era ir ao nascedouro dos "problemas".

O segundo desafio enfrentado foi o de equacionar a proposta para o aluno de forma a incentivá-lo a relatar sua identidade, fugindo de um simples "psicologismo".

A solução foi encontrada nas idéias desenvolvidas por um insólito sociólogo — Antonio Rubbo Müller — que, em sua tese *Teoria Geral da Organização Humana*, lançava a semente de uma visão holística da sociedade, trazendo um instrumental pedagógico que me pareceu apropriado para a tarefa que eu tinha em mente.

De fato, os sistemas criados por Rubbo Müller possibilitavam uma visão ampla da realidade, ensejando uma "totalidade" dos problemas brasileiros e, ao mesmo tempo, abrindo caminho para a tarefa que eu imaginava.

A partir dos quatorze sistemas, que enumero em seguida, vinculei-os a quatorze "direitos fundamentais da pessoa humana", que no início do curso são explicitados aos alunos, com toda a sua dimensão social, evidentemente contextualizados nas realidades brasileiras.

São os seguintes os sistemas, que procurei manter com as suas denominações originais dadas por Rubbo Müller e os correspondentes direitos fundamentais da pessoa humana:

sistema 1 — parentesco — Direito à Vida
sistema 2 — sanitário — Direito à Saúde
sistema 3 — manutenção — Direito à Subsistência
sistema 4 — lealdade — Direito ao Amor
sistema 5 — lazer — Direito à Alegria
sistema 6 — comunicação — Direito à Informação
sistema 7 — pedagógico — Direito à Sabedoria
sistema 8 — patrimonial — Direito à Identidade Cultural
sistema 9 — produção — Direito à Recriação
sistema 10 — religioso — Direito à Crença
sistema 11 — segurança — Direito à Segurança
sistema 12 — político — Direito à Liberdade
sistema 13 — jurídico — Direito à Justiça
sistema 14 — precedência — Direito à Igualdade

Com este elenco de sistemas e direitos desenvolvidos nas primeiras aulas, o aluno mergulha num universo que ele pressente real, porém nunca o havia imaginado tão amplo.

Existe mesmo, nessa proposta inicial do curso, para a maioria dos alunos, uma certa magia ao constatar a dimensão de "seus direitos".

Na seqüência procuro mostrar que há necessidade de tomar consciência do respeito a tais direitos na vida de cada um. A partir desta idéia, proponho a escolha de um sistema para ser trabalhado individualmente, numa pesquisa das suas próprias vidas.

Traço objetivamente um percurso a ser feito a partir da família, passando pela Igreja, pela escola, pelo trabalho, até chegar à universidade que freqüentam hoje. Nessa reflexão buscam identificar em que momentos desse percurso o "direito" escolhido foi desrespeitado e qual foi a sua luta para fazê-lo ser respeitado.

Na verdade, na maioria das vezes, o direito escolhido pelo aluno serve de "pretexto" para trabalhar a sua identidade. Busco fazer com que todos os sistemas sejam escolhidos objetivando o preenchimento do universo holístico.

Na seqüência dos trabalhos, após a entrega dos relatórios individuais, são feitas discussões em classe para o necessário "cruzamento" dos sistemas e a percepção da unidade na dispersão aparente.

Os alunos sentem claramente que, embora partindo de pontos distintos, no essencial vão-se encontrando, pois o que surge do trabalho feito é a sua "história" pessoal.

Durante os trinta dias de reflexão e preparação do relatório individual, procuro desenvolver com os alunos uma reflexão em classe, por meio de aulas expositivas, do que seria uma *história do agora.*

Tento fazer com que percebam as principais forças sociopolítico-econômicas que atuam neste momento. Procuro ainda passar uma bibliografia que reforce essa visão atual da história, ao lado de bibliografia facilitadora do trabalho de descoberta da sua identidade.

Os resultados são discutidos ao final do semestre num processo de auto-avaliação, mediado por um texto que ofereço, no qual fica delineado o objetivo do curso.

Na verdade, essa auto-avaliação é também uma avaliação do próprio curso, pois situo questões relativas a "propostas para um novo curso" e "pontos positivos e negativos do curso".

O texto que apresento para mediação é trazido sob a forma de uma poesia em que procuro de forma sutil mostrar onde eu queria chegar. Peço aos alunos que procurem descobrir onde o texto se encontra com os objetivos do curso dado.

A auto-avaliação finda fica sendo um fecho no trabalho de identidade iniciado com a reflexão feita do sistema escolhido, pois o aluno, ao tomar contato com o texto dado, mergulha fundo na reflexão inicial e a complementa, motivado por esta última proposta.

Para facilitar o entendimento do que estou afirmando, junto a esse trabalho o texto poético que utilizei na auto-avaliação desse semestre, o qual se encontra no final deste artigo.

A partir das conclusões do primeiro semestre já temos o material para ser trabalhado no segundo semestre, que será o desdobramento das buscas delineadas em projetos concretos.

Nesse trabalho do segundo semestre, surge um segundo ponto de contato com a proposta interdisciplinar que pude pressentir: a questão da utopia ou da "esperança concreta", como denomina Ernst Bloch.

Procuro, nessa etapa, mostrar aos alunos que viver o presente — que é o fundamental — é tornar viva toda a experiência do passado, tarefa realizada no primeiro semestre, e lançar-se na busca do "novo".

O ponto fundamental dessa busca do "novo" já se tornou claro na primeira parte do trabalho: é a consciência das transformações permanentes pelas quais passa o ser humano. Transformações em seu todo. Seu corpo físico, mental e espiritual. A obra de Fritjof Capra denominada *Ponto de Mutação* veio muito a propósito para facilitar tal reflexão.

O núcleo dessa constatação está na "novidade" permanente do "presente", dada a consciência das transformações. Assim, o amanhã será seguramente distinto.

O segundo ponto a ser amadurecido é a clara possibilidade de atuarmos concretamente em nossas "transformações". Tornarmo-nos agentes de nossas mudanças e, com isso, "preparamos" o nosso futuro.

Finalmente o terceiro ponto nessa reflexão é a certeza de que, com a consciência de atuarmos em nossas próprias transformações, estaremos atuando na sociedade que nos circunda.

A partir dessa seqüência de percepções é proposto um trabalho prático de realização de projetos em grupos. Tais projetos significarão a projeção dessas transformações.

Assim, os alunos poderão trabalhar em projetos visando a própria universidade, seu curso em particular, sua futura profissão ou ainda desenvolver um projeto em relação a comunidades maiores.

Como exemplo do que tem sido feito nos últimos anos, posso citar alguns projetos que considero mais relevantes.

Na Faculdade de Medicina, da PUC-SP, onde lecionei a disciplina de EPB no início da década de 80, foram desenvolvidos vários projetos relativos a linhas alternativas de medicina. Naquele momento isso significava o "novo", pois o único projeto existente então na faculdade era o da medicina alopática.

Na Faculdade de Educação (Pedagogia) da mesma PUC, onde trabalho hoje, têm sido desenvolvidos projetos muito interessantes. Entre outros, cabe destacar a tentativa de introdução, no currículo, de Expressão Corporal; a ampliação do trabalho do educador fora da escola (projetos visando o educador na empresa, no sindicato, na prisão e outros); a inserção, no currículo, de Literatura Infantil; e o trabalho em sala de aula com o material vindo da TV.

Na Faculdade de Matemática e Física, PUC-SP, onde também trabalho hoje, situo, para ilustrar o tema, os seguintes projetos: proposta de utilização de métodos na linha Paulo Freire para o ensino da Matemática; estudo das chamadas *linhas alternativas de energia*; pesquisas sobre a fotografia Kirlian[1] visando o diagnóstico de desequilíbrios orgânicos; e discussões sobre o espaço do matemático e do físico na sociedade.

Em todos os projetos realizados há sempre a busca das experiências "novas" — ao menos para os alunos — e a tentativa de trazê-las para a sala de aula. Freqüentemente esses projetos se tornam o embrião de uma verdadeira transformação, seja no curso, na universidade ou onde quer que ele venha a ser proposto.

Recentemente, no Centro de Matemática e Física, PUC-SP, a partir de um projeto que visava a recuperação de alunos carentes de 1.º e 2.º graus, conseguiu-se desenvolver a atividade em convênio com uma escola pública das imediações.

Pelo que foi exposto até aqui, pode-se verificar como o trabalho ganha uma dimensão interdisciplinar. Eu chamaria a atenção para *três principais aspectos* ou *momentos de interdisciplinaridade.*

O *primeiro momento* é o trabalho da identidade do aluno. Na verdade, a percepção do universo do corpo discente parece-me fundamental para que se perceba a gama de influências sofridas pelo aluno e a forma pela qual as diversas disciplinas deverão atuar para obter o desenvolvimento da sua formação universitária. Acredito mesmo que o ideal seria que todo o corpo docente se debruçasse sobre os dados dessa identidade revelada dos alunos, para a descoberta das linhas educacionais adequadas a partir desse dado.

A vida é seguramente um contínuo processo de aprendizado, independentemente da universidade. Esta deve inserir-se nesse processo ocupando o lugar certo, com a percepção do momento que o

---

1. Método desenvolvido pelo soviético Kirlian para fotografar a chamada *aura.*

aluno está atravessando. Eu chamaria isso de *consciência histórica do educador*, que, além de estar consciente da história atual, entraria em contato com o universo vivido concretamente pelo corpo discente.

Parece evidente que o trabalho de cada área é fundamental numa convergência, que busque a educação plena do aluno. É a tentativa de superação da fragmentação do saber, num projeto de ensino voltado para o saber integral.

Somente a postura interdisciplinar poderá, partindo da identidade do educando, traçar os rumos do projeto educacional adequado. É o contrário de "impor" um programa pronto que não leva em conta evidentes diferenças locais e necessidades que permanentemente se transformam.

O *segundo momento da interdisciplinaridade* está no que chamo de *história do agora*, que é a visão holística da realidade trazida tanto pelos sistemas e respectivos direitos expostos aos alunos no início do curso como nas aulas em que se procura mostrar a repercussão das várias áreas nos acontecimentos presentes. Creio que este segundo momento pode e deve ser mais bem explorado, exatamente com o depoimento de diferentes especialistas na busca da convergência dessa história do agora.

A pergunta seria: como a sua área contribuiu para o momento vivido pelo Brasil agora?

Assim, o segundo momento passaria tanto pela visão holística da realidade, tão seguramente defendida pela obra de Capra citada, como também por essa construção da história do presente.

Cabe fazer, aqui, uma ressalva. Este segundo momento referido não tem sido vivido em meus cursos de EPB com a dimensão que estou aqui projetando, até porque não tenho contado com a colaboração de demais especialistas, seja pela absoluta falta de tempo e espaço para tanto, nos limites da minha disciplina, seja porque a ampliação da reflexão se está dando neste momento, com o trabalho que venho desenvolvendo nesse curso de Mestrado.

De qualquer forma, entendo importante dizer que, no final do ano letivo, promovemos a participação de alguns especialistas de outras áreas na discussão dos projetos referidos, o que tem seguramente enriquecido o curso.

O *terceiro momento de interdisciplinaridade* é o que diz respeito à utopia. Não se trataria de "sonhar com o futuro", mas de ter consciência das transformações, que acontecem permanentemente.

A conclusão que fica é a de que a história é sempre a consumação de um processo interdisciplinar, em que cada especialidade faz a sua parte, numa inexorável convergência. O fundamental será a consciência dos vários especialistas desse processo, assumindo a postura interdisciplinar defendida, entre outros estudiosos, pela professora Ivani Fazenda.

Neste momento em que se discute a finalidade da disciplina Estudo de Problemas Brasileiros, quem sabe não lançaríamos a semente de uma cadeira de Estudos Interdisciplinares como ponto de partida para a reunificação do saber?

Obras consultadas

CAPRA, Fritjof. *Ponto de Mutação.* São Paulo, Cultrix, 1982.

FAZENDA, Ivani. *Integração e Interdisciplinaridade no Ensino Brasileiro.* São Paulo, Loyola, 1979.

JAPIASSU, Hilton. *Interdisciplinaridade e Patologia do Saber.* Rio de Janeiro, Imago, 1976.

RUBBO MÜLLER, Antonio. *Teoria Geral da Organização Humana.* Faculdade de Sociologia e Política de São Paulo. Tese de Doutorado, 1932.

Anexo

CONSCIÊNCIA DAS TRANSFORMAÇÕES

Perceber o que se passa no mais dentro do ser
Distinguir no caos aparente o fio do sentido
Captar as sutis mudanças que nos acontecem
Buscar a unidade na fragmentação provocada

Este o caminho a ser percorrido
Esta a condição de estar vivo
De aprender a alegria presente ao cotidiano
De sentir a permanente renovação

As transformações são permanentes e ocorrem em tudo
No cosmo, como imensa dança
E dentro de nós mesmos
No corpo físico e no mental

Tomar consciência dessas transformações
É mergulhar no rastro da verdade
É sentir a possibilidade de atuação
Dando qualidade à nossa vida

Tal qualidade é a libertação de um "destino" inexorável
É o sorriso que surge da constatação da fragilidade
Das chamadas "formas permanentes"
Do conservadorismo que é "morte" em vida...

Trazer esta qualidade para o nosso cotidiano
É produzir contínua e crescente libertação
É nascer cada dia do "novo" que se apresenta
É um encontro profundo com a própria identidade que vai-se delineando...

Até sempre.

Ruy

8.
Interdisciplinaridade: questão de atitude

María de los Dolores J. Peña

> *Se não morre aquele que escreve um livro ou planta uma árvore, com mais razão não morre o educador que semeia a vida e escreve na alma.*
>
> *Bertold Brecht*

Descobrir-se interdisciplinar é uma experiência gratificante. Acredito que essa descoberta começa justamente quando você se interessa pela palavra *interdisciplinaridade.* Palavra difícil de ser dita, por sua extensão. Complexa na cabeça de muita gente, comprometedora, utópica para muitos e instigadora para alguns.

Há muita confusão com relação ao conceito de interdisciplinaridade. Muitas vezes ela é confundida com a pluridisciplinaridade, que, segundo Jantsch, é "Justaposição de diversas disciplinas situadas geralmente no mesmo nível hierárquico e agrupadas de modo a fazer aparecer as relações existentes entre elas; destina-se a um tipo de sistema de um só nível e de objetivos múltiplos onde existe cooperação, mas não coordenação" (apud Fazenda, 1979:19). Outra questão que permeia a prática dos educadores é como dominar conhecimentos específicos de várias disciplinas.

Acredito que seja difícil pensar em interdisciplinaridade, quando fomos acostumados durante 20 anos a pensar a educação compartimentalizada, produto da escola tecnicista. Procurando entender mais sobre este assunto e responder a esses questionamentos, ingressei no grupo de estudos sobre Interdisciplinaridade.

O grupo de estudos, formado por 22 elementos, heterogêneo quanto às formações profissionais e intelectuais, apresentava divergências e fragmentações claras. Mas tinha um ponto em comum: o compromisso e o interesse pela educação.

Os caminhos que cada um percorreu, a forma de pensar e conceber o conhecimento divergiam. Tínhamos discussões e debates sobre pontos de vistas diferentes, dada a concepção de mundo que cada um e a especificidade de nossas formações (físico, advogado, biólogo, filósofo, artista plástico, jornalista, psicólogo, pedagogo, professor de Língua Portuguesa, de História, e administrador), mas a idéia do Uno, o eixo da problemática era o mesmo: encontrar o interdisciplinar.

A teoria estudada e o espaço dado para a reflexão sobre a nossa caminhada docente, que o curso ofereceu, permitiram responder e elucidar muitas questões sobre a interdisciplinaridade.

Procurando não ser cansativa ao leitor, tentarei expor como, por meio do resgate de memória da minha atuação docente, realizada durante o curso, consegui responder aos meus questionamentos iniciais e perceber-me interdisciplinar.

Minha carreira docente teve início em 1973, em um colégio católico de São Paulo, de 1.º e 2.º graus, como professora de Ciências e Biologia, do 1.º e 2.º graus, respectivamente.

Minha formação, produto da escola tecnicista, privilegiava a eficiência e a técnica voltadas, no ato pedagógico, à preparação dos estudantes para o vestibular.

Os alunos que detinham maior capacidade de armazenar na memória os conteúdos específicos da área que pretendiam cursar na universidade tinham mais chance de classificação no vestibular, daí a exigência de professores "competentes", principalmente em nível de 2.º grau.*

---

* As melhores escolas particulares de 2.º grau eram aquelas cujo maior número de alunos conseguia ingressar no vestibular. Esse fato era utilizado como a sua maior propaganda. Tais escolas quase sempre pagavam melhor seus professores, sempre ditos "muito competentes".

A competência docente era expressa pela eficiência em transmitir quantidade de conhecimento, por meio da sistematização e exigência de produção, muitas vezes mecânica, dos alunos.

Muito raramente as falhas pedagógicas dos professores eram argumento para explicar o insucesso e a repetência. Em geral, a causa do fracasso era atribuída aos alunos, tidos como incompetentes, preguiçosos etc.

Com o passar dos anos e a vivência prática, fui compreendendo que o importante não era só a transmissão do conhecimento sistematizado da Biologia, mas, como diz Libâneo, "O importante não é a transmissão de conteúdo específico, mas despertar uma nova forma da relação com a experiência vivida" (Libâneo, 1986:13).

Apesar da minha formação e do contexto no qual estava inserida, procurei, sempre que possível, ainda que de uma maneira intuitiva, articular o conteúdo transmitido com o vivido, com o mundo que nos cerca. "O aluno perde o interesse diante de disciplinas que nada têm a ver com a sua vida, com suas preocupações. Decora muitas vezes aquilo que precisa saber (de forma forçada) para prestar exames e concursos. Passadas as provas, tudo cai no esquecimento" (Gadotti, 1986:87).

Como retorno dessa prática, recebi, da parte dos meus alunos, carinho e crença, que fizeram com que a busca pelo aperfeiçoamento fosse uma constante em minha vida. Sentia-me compromissada com eles, com a educação.

Esse compromisso me levou em 1980, depois de fazer o curso de Pedagogia, a assumir a coordenação pedagógica da mesma escola. Nesse cargo tive a oportunidade de observar vários colegas mais de perto na sua prática docente e vivenciar as dificuldades que muitos sentiam nessa prática, ainda que dominando o conteúdo específico da sua área. Faltava-lhes destreza em seu ato pedagógico, principalmente no relacionamento professor-aluno.

A necessidade de fornecer subsídios didático-pedagógicos aos professores fez com que o aprofundamento nos estudos das questões pedagógicas passasse a ser mais importante para mim naquele momento.

A Biologia sempre se apresentou, aos meus olhos, como um conteúdo pronto, já elaborado, a ser transmitido aos alunos, apesar da articulação que lhe pode ser dada. Já as questões didático-pedagógicas da sala de aula apresentam-se como um desafio permanente, um laboratório natural, instigador, que requer constantes adaptações e articulações entre o vivido e o aprendido, a pesquisa e a descoberta, o saber, o fazer e o ser, no cotidiano escolar.

Esse desafio passou a fazer parte da minha vida, o que resultou mais tarde na troca da docência da disciplina Biologia para a docência da disciplina Didática em cursos superiores de formação de professores.

Dos tantos fatos que lá se passaram, no colégio, durante os 14 anos em que atuei como professora e coordenadora pedagógica, na observação do cotidiano escolar, vale a pena relatar aqui a transformação significativa que a Escola sofreu, a partir da união de esforços de professores munidos de espírito de inovação, desejo de sentir a escola viva, dialógica, transformadora. Isto ocorreu desde o momento em que se deu abertura à escola crítica, deu-se ouvidos aos mais arrojados, em que se sentiram acreditados e, por sua vez, comprometidos. Isto reverteu a visão triste e apagada que muitos alunos e professores, eu entre eles, tinham do colégio.

Ele era rígido, inflexível, em seu aspecto arquitetônico: tradicional clássico, de paredes marrom-escuras, pilares de diâmetro avantajado, muros altos e portas pesadas. A *disciplina** era a palavra de ordem da escola com todo o seu significado epistemológico.

Esse quadro incomodava a mim e a muitos professores, o que, de certa forma, contribuiu para que, intuitivamente, elaborássemos projetos que envolveram não só professores e alunos, como também a comunidade do bairro. Esses projetos me permitiram passar a pensar a educação em sua totalidade, na transformação da escola rígida, fragmentada, preparada para transmitir um saber pronto e acabado, num saber-ser de homem na busca de seus anseios, na escola dialógica.

As gincanas realizadas com todas as séries (1.º ao 2.º graus), professores e a comunidade, exposições envolvendo todas as disciplinas, num projeto escolhido pelos alunos, contribuíram para essa nova forma de pensar.

---

* Disciplina significa "ordem, respeito, obediência às leis, matéria de estudos, instrumento de penitência". (SILVEIRA BUENO, 1986:209).

Observávamos o entrosamento dos alunos na interajuda dos grupos pela procura de material por toda a escola que pudesse servir de apoio à montagem dos seus trabalhos nas salas de aula. O entrosamento e o auxílio mútuo dos funcionários e alunos, a satisfação do aluno em demonstrar algo que ele havia construído — sentíamos um pulsar latente na escola. Era o provar construir conhecimento, era o sentir-se feliz na escola. Aluno aprendendo com aluno, aluno aprendendo com professor, professor aprendendo com professor, professor aprendendo com aluno. É na troca de experiências entre professor-aluno, é na atitude de abertura, sem preconceitos, que o conhecimento será mutuamente importante.

A inserção, no currículo, de Estudos do Meio Ambiente também trouxe aos professores e alunos maior aproximação pessoal, bem como a apropriação da prática inserida na observação do real, do concreto, na apreensão do conhecimento anteriormente adquirido através da teoria.

Os torneios esportivos envolvendo os alunos daquele e demais colégios convidados traziam experiências diversificadas à escola e à sua comunidade.

Após essas atividades, aqui resumidamente descritas, a escola apresentava um clima familiar, ela adquiria vida. Podíamos observar na sala dos professores um maior diálogo entre eles. No intervalo, alunos de diferentes séries eram vistos freqüentemente reunidos em grupos. Maior número de professores ia ao pátio conversar com alunos espontaneamente, fato muito solicitado anteriormente pela direção. Funcionários eram vistos num clima amigo e dialógico com alunos e professores.

O conhecimento adquirido por meio dos conteúdos específicos das diferentes disciplinas na escola deve perpassar o ter de aprender, o saber sistematizado, fragmentado, isolado do todo, da vida.

Esse conhecimento adquirido pelo homem deve trazer-lhe satisfação de apropriar-se de mais saber, para poder se entender, entender o outro, entender o mundo.

O conteúdo específico de uma disciplina na escola não tem sentido se ele tenta se apropriar do todo, resgatando daí o específico.

É preciso ter coragem de mudar, de romper com o formal, com o objetivismo, de transformar o ato pedagógico num ato de conhecimento de vida, para que o aluno saiba enfrentar a vida num processo dialético entre a teoria e a prática.

Notamos como é bom o aluno, o professor, o homem, se sentir, se encontrar, ele poder *ser*, para poder então *fazer*.

Acredito que aí esteja o ato de *ser* interdisciplinar. "Interdisciplinaridade não se ensina, não se aprende, apenas vive-se, exerce-se e por isso exige uma nova pedagogia, a da comunicação" (Fazenda, 1979:108).

A maior satisfação do homem está em se sentir ele mesmo, se identificar com a vida, com a natureza, com as suas origens e poder se expressar. "A concepção tecnoburocrática leva os educadores a pensarem que o problema da educação é saber como é preciso *fazer* para ensinar e não como é preciso *ser* para ensinar" (Gadotti, 1986:86).

Essas experiências foram muito gratificantes. Os percalços, porém, foram muitos. Incomodamos muita gente, começando pela direção, acostumada com a dita "disciplina". Fomos muitas vezes criticados e, por vezes, até perseguidos. O novo ameaça, incomoda, desestabiliza estruturas.

As estruturas sólidas do prédio foram abaladas, não só por iniciativa dos professores mas também dos alunos. A procura pelo colégio dobrou. Em sete anos pudemos observar a elevação do número de alunos de 850 para 1 600. As paredes foram derrubadas, novos espaços foram criados: de aula, de lazer, de convivência social dentro da escola.

O intervalo dos alunos agora era realizado sob o som de música que eles mesmos escolhiam. A altura dos muros quase não era mais notada, em vez de paredes passaram a existir paisagens artísticas pintadas com muitas cores. O marrom foi substituído pelo bege mais claro. A linha tradicional cedeu lugar à linha piagetiana. Deu-se oportunidade à consciência crítica, e esta não pôde ser mais dominada. "A educação libertadora, ao contrário, questiona concretamente a realidade das relações do homem com a natureza e com os outros homens visando a uma transformação — daí ser uma educação crítica" (Libâneo, 1986:33).

Hoje, daquela equipe de professores, que participaram dessa experiência, sobraram três ou quatro. Da direção, muito poucos, mas a escola continua, se não no ritmo que nós conquistamos, inovadora e dialógica. A maioria deles provavelmente esteja em outras instituições de ensino, como eu, e com certeza com a mesma ousadia de inovar e de buscar novos caminhos, basta alguém acreditar.

É essa ousadia de inovar, de buscar novos caminhos, que me impulsiona à busca do interdisciplinar nas minhas aulas, em cursos de formação de professores. "É preciso que se descubra, tanto no nível da pesquisa quanto no ensino, novas estruturas mentais, novos conteúdos e uma nova metodologia. E tudo isso informado por uma nova inteligência" (Japiassu, 1979:10).

Procuro que minhas aulas sejam permeadas pela inserção permanente de vivências práticas à teoria apreendida. Muitas vezes essa teoria é questionada pelos alunos. Eu acho ótimo. Não espero que eles simplesmente reproduzam um conteúdo pronto e acabado, mas espero que eles construam o seu caminho e percebam que, antes mesmo de saber *fazer*, é preciso sentir, é preciso *ser*, para saber o por que *fazer*, com a apreensão do *saber*. Deste modo, não estaremos "... fragmentando o pedagógico, o técnico e o político na ação pedagógica escolar" (Libâneo, 1986:45).

Há necessidade de o professor apropriar-se do conhecimento científico, de saber organizá-lo e articulá-lo, de ter competência. Mas essa competência, para o verdadeiro educador, deve estar impregnada de humildade, de simplicidade de atitudes. É necessário enxergar o outro, construir com ele o alicerce do conhecimento, não só para servir a sociedade, mas para enaltecer a vida.

É necessário despojar-se de preconceitos, questionar os valores arraigados no consciente, e transcender à busca do *ser maior* que está dentro de nós mesmos. É sentir-se livre para poder falar e, principalmente, ouvir. Ouvir você e o outro.

É assim que concebo o ato de educar. É assim que entendo o *educador interdisciplinar*.

Obras consultadas

FAZENDA, I. C. A. — *Integração e Interdisciplinaridade no Ensino Brasileiro: Efetividade ou Ideologia*. São Paulo, Loyola, 1979.

FREIRE, P. *Ação Cultural Para a Liberdade,* 2.ª ed., trad. C. Schilling. Buenos Aires, Tierra Nueva, 1975.

———. *Extensão ou Comunicação?,* 2.ª ed. Rio de Janeiro, Paz e Terra, 1975.

———. *Pedagogia do Oprimido,* 2.ª ed. Rio de Janeiro, Paz e Terra, 1975.

GADOTTI, M. *Educação e Compromisso,* 2.ª ed. Campinas, Papirus, 1986.

JAPIASSU, H. *A Ideologia do Conhecimento Científico.* Curso "A Ciência Ante a Ética", UFMG, 1979, mimeo.

LIBÂNEO, J. C. *Democratização da Escola Pública: a Pedagogia Crítico-Social dos Conteúdos.* São Paulo, Loyola, 1986.

SILVEIRA BUENO, F. da *Minidicionário da Língua Portuguesa.* São Paulo, Lisa, 1986.

9. A competência do educador popular e a interdisciplinaridade do conhecimento

Derly Barbosa

Inúmeras vezes, na atividade educacional, temos feito referências à interdisciplinaridade. Principalmente por ocasião da elaboração dos planejamentos anuais fala-se em integrar algumas disciplinas, mas nunca chega-se a um consenso de como fazê-lo. Quase sempre a não-efetivação dessa prática decorre da ausência de conhecimento do seu significado, falta alguém que tome para si o compromisso de levá-la adiante ou, ainda, as normas educacionais apresentam-se como obstáculos naturais à construção da interdisciplinaridade do conhecimento. Com efeito, não será procurando quem facilite o processo que a interdisciplinaridade se realizará.

Inicialmente, é preciso saber que a sua prática depende da *atitude* que cada educador deve tomar frente ao conhecimento, despindo-se de toda postura positivista que o tem caracterizado neste século, superando o parcelamento do saber em busca da objetividade necessária que possibilite a compreensão global da realidade. É preciso entender, também, que o conhecimento interdisciplinar não se restringe à sala de aula mas ultrapassa os limites do saber escolar e se fortalece na medida em que ganha a amplitude da vida social.

Nesse sentido a interdisciplinaridade estimula a competência do educador, apresentando-se como uma possibilidade de reorganização do saber para a produção de um novo conhecimento. Esta compreensão brotou do convívio com esse grupo que se dedica ao estudo da interdisciplinaridade.

Na visão de mundo de cada um dos participantes havia algum ponto em comum que condicionava uma permanente interação, motivada por intensa discussão e reflexão sobre as leituras e a realidade social, propondo novas idéias que encaminhavam para a superação dos limites do saber estabelecido. O novo saber daí resultante possibilitava a compreensão crítica da totalidade social numa perspectiva dialética e transformadora. Foi preciso querer perceber para começar a entender a interdisciplinaridade.

Escrevi e reescrevi vários textos que foram lidos e criticados, com paciência pedagógica pela professora e pelos companheiros. Nesse processo de fazer, discutir, refletir, refazer, percebi que a interdisciplinaridade é também a prática da fala, da escrita e da linguagem, que são requisitos fundamentais no processo de ensino e de aprendizagem.

Aos poucos as nossas dúvidas foram sendo esclarecidas e, num determinado momento desse processo, pude compreender que a minha prática pedagógica, pautada por uma busca insistente em estabelecer a integração do saber escolar com a prática social na educação de adultos, revelou-se como uma maneira interdisciplinar de produzir o conhecimento.

Nesse artigo conto um pouco dessa experiência, ressaltando a prática interdisciplinar que ela revela no ensino de História e Geografia nos cursos supletivos de Osasco. Dizer da experiência pedagógica vivenciada é necessário e intencional. Necessário porque, para escrever e falar sobre a prática social como produtora de conhecimento, eu não poderia tomar como paradigma qualquer prática, sob pena de não compreender, na sua real abrangência, tanto objetiva como subjetivamente, o conhecimento por ela produzido. Por isso parto da prática pedagógica que vivenciei e aí conheço os caminhos, as contradições, os avanços e os recuos; apreendo o saber crítico e supero os momentos de avaliação ingênua; enfatizo as idéias relevantes e deixo à margem os pontos pouco significativos.

Falando da minha prática assumo o saber interdisciplinar por ela produzido. Assimilo as críticas e avalio a teoria que fundamenta a compreensão que desenvolvi a respeito da educação popular.

A intenção que permeia essa atitude não surgiu por acaso, mas foi construída passo a passo com a incorporação crítica do saber sistematizado, e desabrochou a partir do momento em que comecei a expor minhas idéias sobre educação popular através da imprensa em Osasco, da participação em congressos, seminários, debates e cursos. Todos esses momentos geraram um compromisso político e uma prática interdisciplinar com a educação.

A objetividade deste trabalho na busca da construção do conhecimento interdisciplinar fica mais perceptível na medida em que o leitor entender que o Projeto Pravaler de Educação de Adultos de Osasco foi um acontecimento na minha vida, buscando insistentemente, e que a Proposta Curricular elaborada para o ensino de História e Geografia para adultos representa a sua síntese.

UMA INTENÇÃO INTERDISCIPLINAR

Os cursos supletivos eram procurados por uma numerosa população de jovens e adultos, formada por comerciários, operários, bancários, sindicalistas, donas-de-casa, empregadas domésticas e outros trabalhadores que integram a força de trabalho predominante no setor terciário da atividade econômica.

Aparentemente, os motivos que estimulavam o retorno dessa população à escola reduziam-se "à conquista do diploma para conseguir um novo emprego ou uma melhor situação de vida"[1]. Diante dessa afirmativa cheguei a pensar que tal finalidade utilitária[2] era, para aqueles trabalhadores, o único elo de ligação entre a educação e suas relações com a sociedade.

O espaço escolar tinha um significado especial para esses alunos. Representava, para eles, muito mais do que conseguir um atestado de escolaridade para obter ascensão social. Ali era o local onde podiam se encontrar, conversar, namorar, enfim era onde passavam parte de suas vidas.[3]

A linguagem dos alunos demonstrava diversas maneiras de comportamento frente à realidade social e ao saber que buscavam na escola. Em geral, significava insatisfação e descrença pela possibilidade de mudança.[4]

Além desses aspectos sobre a educação de adultos já pesquisados e discutidos, havia um outro lado não devidamente valorizado que chamou-me a atenção e pelo qual tive interesse em estudar. Tratava-se do que eles falavam, que assuntos eram mais significativos para eles e sobre os quais poderíamos discutir nas aulas, ou fora delas.

Ouvindo as conversas dos alunos pude perceber que tinham profundos significados, pois refletiam motivações nascidas das suas experiências de vida como cidadãos, pais de família e força de trabalho. As falas revelavam preocupações com situações sociais decorrentes das relações de produção e que se expressavam em questões como emprego, salário, compra de casa própria, problemas de assistência à saúde, transporte urbano, custo e qualidade da educação, administração pública. Entremeando esses assuntos discutiam também diversos problemas sociais como violência, preconceito racial, drogas, desigualdade sexual, entre outros.

Era perfeitamente visível o entusiasmo dos alunos quando discutiam essas questões. Não me lembro de tê-los visto com a mesma empolgação discutindo qualquer assunto do programa oficial desenvolvido pelas disciplinas que compõem o currículo. É compreensível essa diferença, pois aqueles assuntos retratam aspectos culturais vivenciados pelos alunos e revelam a importância do saber popular que se manifesta como expressão da sua classe social.

Revelando o seu caráter de classe, o saber escolar não considera que os alunos possuem essa "cultura geral" resultante de práticas sociais, políticas e econômicas do seu cotidiano. Por isso não abre a possibilidade de essa cultura ser integrada ao conhecimento que se ensina nas escolas para ser decifrada e ampliada. Não obstante essa negação, a contradição se fazia presente nesse conhecimento sistematizado.[5] À margem do "saber oficial" aparecia um "saber não-oficial", mas real, concreto, vivido, que os alunos discutiam nos seus círculos na hora do recreio e nas aulas que abriam espaço para que se manifestassem.

Pretendi incluir esses assuntos no programa de cada série, dando a cada um uma possibilidade de compreensão. Estaria assim abrindo, no currículo oficial, um espaço para o saber popular se manifestar. Entretanto, essa intenção se frustrou diante da realidade em que tal educação se realizava.

Os cursos eram na rede privada de ensino, onde imperam as normas empresariais, os planejamentos são individuais, os conteúdos programáticos estão institucionalizados e são rigidamente controlados, e os critérios de avaliação adotam o princípio da concepção quantitativa da aprendizagem.

Respaldava tal situação o contexto político-educacional e o caráter da educação de suplência que não apresentava nenhuma especificidade relacionada ao adulto quanto à metodologia, à didática, à psicopedagogia, à avaliação da aprendizagem, à formação do educador e à proposta curricular.[6] A estrutura dessa educação é a mesma da educação infantil. Os avanços ficavam por conta de educadores que procuravam diferenciar a sua prática pedagógica de outras que concebiam o ensino de adultos como sendo um aligeiramento da aprendizagem e que, para isso, bastavam conteúdos mínimos, além de adotarem uma postura ingênua servindo-se de um discurso paternalista em prejuízo dos próprios alunos.

Apesar dessas limitações, fui possibilitando que as aulas de História e Geografia se tornassem o momento para aquelas discussões, a fim de que todos pudessem dizer o que sentiam, porque, na verdade, era o que viviam.[7] Eu procurava estabelecer uma relação crítica com o saber sistematizado, elaborando o conhecimento num processo de superação do currículo oficial, negando a visão ingênua e alienante nele contida e possibilitando que os alunos compreendessem a realidade social de maneira questionadora.

Essa experiência demonstrou que é possível uma prática educacional onde a apropriação do conhecimento pelas classes populares se realize desvinculada da realidade vivida pelos educandos. Por outro lado, discordava da maneira pragmática e mecanicista como os conteúdos estavam relacionados nos livros didáticos.

Eu entendia a História e a Geografia como disciplinas dinâmicas, do presente. Por isso não me sentia à vontade ensinando essas disciplinas na visão positivista[8], que se preocupa apenas com o passado, com o acontecido, com o espaço estático, sem a movimentação humana, fugindo intencionalmente de explicar o hoje histórico e as transformações a que o espaço está submetido.

Essa atitude pedagógica se apresentava como um desafio, pois deveria fazer com que os alunos compreendessem a realidade concreta, não apenas sentida como uma atividade empírica, mas que fosse entendida nas suas diversas dimensões culturais, nas relações entre as classes e sobre os aspectos políticos que permeiam toda a vida social. Deveria, portanto, conduzi-los através dos meandros das correlações de forças que constituem a dinâmica da vida social.

Não obstante essa intenção, as incursões por essa prática não podiam ser permanentes.

A proposta curricular institucionalizada devia ser cumprida para atender o objetivo inicial dos alunos e não possibilitava sequer integrar o ensino de História ao de Geografia, nem com outras disciplinas, apesar da existência de legislação nesse sentido. O ensino dessas disciplinas deveria ser realizado dentro dos princípios tradicionais e em momentos diferenciados.

Para a discussão das questões relevantes para a prática social, eu abria espaços no conteúdo de determinadas aulas e procurava, na medida do possível, realizar a integração do conhecimento do processo histórico com a transformação do espaço.

Nesse avanço, entretanto, eu tomava o cuidado de não desviar o ensino da rota planejada pelo currículo oficial, pois o aluno precisava dominar o saber que ele determina para poder vencer a competição por uma vida melhor e galgar os degraus da ascensão social.

Alguns livros didáticos tentaram fazer essa integração, mas acabavam priorizando uma ou outra disciplina. Era, sem dúvida, uma tentativa nessa direção, mas não atendiam as minhas pretensões político-pedagógicas.

Havia, portanto, que se construir um currículo cuja metodologia tivesse como fundamento a organização do pensamento das classes populares e como conteúdo uma temática social estruturada a partir do conhecimento sistematizado, buscando no saber interdisciplinar a possibilidade para a compreensão da totalidade concreta.

DA INTENÇÃO À AÇÃO INTERDISCIPLINAR

Oportunidade nesse sentido surgiu no ano de 1986, quando passei a integrar a equipe interdisciplinar que desenvolvia o Projeto Pravaler de Educação de Adultos, de Osasco, implantado em 1983 pela administração municipal.

Esse projeto estabeleceu as bases de um curso de alfabetização e outro de pós-alfabetização em nível de suplência de 1.ª a 4.ª série, diante do grave problema educacional que atingia duzentas mil pessoas, maiores de quatorze anos, que não sabiam ler e escrever ou que não tinham concluído esta fase de escolarização.

Aquela equipe era formada por especialistas em Lingüística, Matemática, Ciências e Saúde, Terapia Ocupacional e Animação Cultural. Faltava um coordenador para a área de Estudos Sociais.

O grupo tinha uma proposta educacional já definida, com atuação política muito dinâmica junto às classes populares. Nesse sentido já havia elaborado o manual de alfabetização e o livro texto para educação de adultos. A meta seguinte era produzir o manual de educação de adultos: pós-alfabetização.

Essa proposta era muito ambiciosa, pois o manual teria uma estrutura curricular interdisciplinar, onde os conteúdos programáticos seriam elaborados a partir de fatos sociais que enfatizavam as relações de produção perceptíveis nas representações da vida material dos educandos.

O trabalho educacional que se apresentava vinha responder àquelas indagações que eu me fazia nos cursos supletivos. Senti que nele estava a oportunidade de realizar a produção do saber escolar que atendesse a prática social das classes populares. Por isso eu vinha acompanhando o projeto desde a sua implantação.

Ser aceito pela equipe demandou um amplo trabalho político e uma grande demonstração de competência. Eu conversava permanentemente com os seus membros e mostrava, através de artigos publicados na imprensa local, o compromisso político e o engajamento pedagógico na educação de adultos. A dificuldade principal consistia em quebrar os esquemas políticos internos que eram muito fortes. Tão fortes que emperravam a elaboração do manual. Havia, na equipe, um professor de História e outro de Geografia. As divergências políticas entre ambos dificultavam o entendimento para a produção dos conteúdos dessas disciplinas, o que provocava um distanciamento interdisciplinar, agravado pelo enfoque tradicional com que trabalhavam. Quebrada a resistência, parti para a ação.

A importância do meu trabalho, como sociólogo ensinando aquelas disciplinas, baseava-se numa prática que tinha como estratégia fundamental as situações sociais que marcavam as vivências dos educandos, explicando-as no presente e buscando no processo histórico o conhecimento necessário para compreendê-las. Enfatizando as implicações que tinham no espaço geográfico, eu desenvolvia um ensino interdisciplinar que possibilitava a compreensão da realidade, mostrando que o fato social ocorre simultaneamente no processo histórico e se manifesta na produção do espaço. Essa integração do ensino não tinha, porém, o propósito de descaracterizar o campo de conhecimento das disciplinas. Cada uma mantinha a sua metodologia, conteúdos e estratégias de aprendizagem. O que se buscava era a *interação* entre o saber que cada uma produzia para se alcançar o conhecimento amplo da realidade social.

Na elaboração dos conteúdos para o ensino de História, procurei desenvolver uma metodologia que superasse a discussão dos eventos históricos numa ordem estritamente cronológica, ou que apenas destacasse os feitos dos heróis, reais, presidentes e generais, como é próprio da historiografia tradicional. Nomeei, como fio condutor do saber, a formação, organização e participação da classe trabalhadora na construção do processo social.

Com a mesma objetividade, os conteúdos de Geografia foram elaborados a partir da produção e transformação do espaço, enfatizando as relações sociais que envolvem os homens na produção da vida material. Com esse enfoque eu procurava superar o ensino tradicional que se limitava à descrição da relação do homem com a natureza, mostrando apenas as obras realizadas e compartimentando o estudo do espaço físico, dos aspectos populacionais e das atividades econômicas.

A apropriação do conhecimento era possibilitada através de uma dinâmica própria.

Inicialmente, era feita uma referência ao fato social no momento atual para que os educandos se familiarizassem com a discussão e porque o fundamental era que eles entendessem o presente. A seguir, realizava-se uma *leitura histórica*[9] do fato em discussão, localizando-o no tempo e no espaço, explicando-o de forma objetiva, para retornar ao presente, vivendo com clareza o momento social.

Nesse processo de discutir o presente e buscar no passado a explicação do surgimento de cada fato estava o ato de compreender as raízes sociais das coisas, isto é, como aconteceram e como chegaram a ficar assim como estão. Não era preocupação dessa metodologia relacionar e memorizar fatos e datas, mas de permanente reflexão, levando o pensamento a investigar nos fatos do passado os elementos necessários para compreender o presente.[10]

Para construir o conhecimento nessa proposta, não podia ser qualquer saber que se prestava a essa finalidade. Por isso fiz uma exaustiva pesquisa bibliográfica, selecionando, em meio ao imenso acervo cultural acumulado no conhecimento de História e Geografia, e elaborei *conteúdos significativos*[11], tratados de maneira objetiva e qualitativa para organizar o programa de ensino dessas disciplinas, garantindo, assim, a natureza específica da educação das classes populares.

A bibliografia utilizada forneceu-me os conteúdos de cada disciplina, mas a objetividade com que os organizei e a linguagem como os escrevi refletem o compromisso com a educação popular. Na verdade, o acervo de conhecimentos constitui patrimônio coletivo e, por isso, deve ser do domínio público. Entretanto, a forma como esses conhecimentos são sistematizados é que caracteriza a ideologia da classe no seu ensino. A visão da classe, em cada época histórica, está presente na sistematização do saber e, conseqüentemente, na elaboração de currículos para a educação escolar.

Nessa proposta curricular, o educador desempenhava um papel fundamental, pois, na medida em que ele explicava os conteúdos, mantinha uma permanente relação dialógica com os alunos. Cada assunto estava organizado de maneira a propiciar que cada educando resgatasse a memória da sua história de vida. Através dessa interação, ambos iam incorporando o saber interdisciplinar, a fim de superar o conhecimento parcelado da realidade, como é proposto pelo currículo oficial, e criando o novo saber.

Com essa experiência fui percebendo que a competência do educador construía-se gradativamente ao longo do processo e a partir da opção política, da produção do conhecimento, do trabalho educativo junto às massas e reorganizando o saber sistematizado que servirá ao educando das classes populares para que compreenda esta sociedade na qual ele trabalha e onde poderá vir a se organizar como classe.

Aprendi, também, que as disciplinas, na medida em que têm o seu ensino desvinculado da prática social, distanciam-se quanto aos seus objetivos e métodos. Cada uma trabalha a sua área de conhecimento sem se preocupar efetivamente com o destino dado ao saber que elas transmitem.

Como a competência implica uma visão cultural e também um posicionamento político do educador, considero que a interdisciplinaridade poderá caminhar naturalmente na prática pedagógica, realizando-se de forma plena quanto às finalidades cognitivas e de produção do conhecimento que se propõe.

CONCLUSÃO

Algumas considerações finais se fazem necessárias quanto à implementação do processo pedagógico interdisciplinar.

Em Osasco as dificuldades materiais somaram-se às alterações políticas e o Projeto Pravaler deixou de existir no âmbito da educação pública municipal. No entanto, a Proposta Curricular continua sendo utilizada por vários educadores da rede estadual de ensino que compreenderam a sua importância transformadora e a objetividade político-educacional.

A prática interdisciplinar, por outro lado, sofre impedimentos resultantes da formação cultural da sociedade que reflete no setor educacional através da formação do professor, treinado por um saber fragmentado e realizando o seu trabalho sob as mais adversas influências. Estas se manifestam no cotidiano da sala de aula, onde o professor realiza um trabalho solitário e para qualquer iniciativa de criação do saber sofre inibições pela ausência de estímulos.

Em suma, ser interdisciplinar, hoje, requer uma atitude política e pedagógica que demanda coragem, despojamento e muita dedicação.

Referências bibliográficas

1. PRAXEDES, Lurdes. *A Problemática dos Cursos de Suplência no Estado de São Paulo.* São Paulo, Loyola, 1984. Neste trabalho, no subtítulo "A Caracterização da Clientela: o Aluno de Curso de Suplência", a autora traça um perfil do aluno a partir das suas aspirações ao procurar os cur-

sos supletivos. Ressalta, na pesquisa feita, a "necessidade de melhor conhecimento para conseguir melhor emprego, a curto prazo, sem que este tipo de estudo vá exigir grandes esforços". Numa avaliação sobre a qualidade do curso, destaca que "as respostas dadas a tais questões reforçam, portanto, a necessidade de um curso de suplência mais prático, voltado às exigências do trabalho e da vida prática". Neste sentido "os alunos posicionaram-se também em relação às disciplinas, classificando-as como 'muito importantes', 'importantes' e 'dispensáveis' no currículo do curso" (p. 34-37).

2. SUCHODOLSKI, Bogdan, *Teoria Marxista de Educação,* vol. II. Lisboa, Estampa, 1976, pp. 147-48: "... a filosofia utilitarista encobre a sua origem de classe... Exprime a natureza da ordem social burguesa na qual a categoria utilizada (do proveito e da exploração) em todo o trabalho e nos seus produtos é extraída sem que se tenha em conta o seu conteúdo. ... Apresenta como essência da natureza humana as características dos homens apenas sob as relações de produção capitalista. Apresenta como únicas normas educativas verdadeiras e humanamente gerais aquilo que é simplesmente a adaptação do homem a estas condições de existência 'desumanas'. A educação espiritual e principalmente a moral são submetidas sem consideração alguma, dissimuladamente, aos interesses da classe dominante".

3. HADDAD, Sérgio, "Escola Para o Trabalhador (Uma Experiência de Ensino Supletivo Noturno Para Trabalhadores)", in Miguel G. Arroyo (org.), *Da Escola Carente à Escola Possível,* São Paulo, Loyola, 1986, pp. 166-168: "... (a escola) é, na verdade, um grande espaço social de convivência daqueles que são sistematicamente desumanizados pelo trabalho, pelo isolamento e por suas condições de existência. É, também, o local de fala dos que não têm voz no dia-a-dia; de participação daqueles acostumados a obedecer; de encontro dos desencontrados, de saber das coisas do mundo dos que foram afastados da possibilidade de parte deste conhecimento... a escola de suplência pode ser o contraponto do silêncio da fábrica, o contraponto criativo da mecânica do exercício técnico profissional, o espaço de informação sobre parte das coisas do mundo... seja em sala de aula, seja no trabalho extraclasse, é um local privilegiado no desenvolvimento da capacidade de relacionamento, organização e participação, atitudes fundamentais num processo de mudança social, através do local de trabalho ou de outros locais de organização social, como o bairro, a comunidade, o sindicato etc.".

4. Sobre esta questão, ver Maria Augusta B. de Mattos em seu livro *Supletivo — O Discurso Paralelo.* Analisando diversas redações de alunos de curso supletivo sob o enfoque da lingüística, considera "que é na linguagem que as estratégias de comportamento se revelam, ainda que não dependam dela ... (sendo que) a unidade de análise ultrapassa o limite do texto lingüístico e chega à situação extralingüística, isto é, ao social" (p. 12).

5. SCHEIBE, Leida, "O Ensino de 1.º Grau: Garantia do Direito à Educação e o Desafio da Qualidade", *Revista ANDE,* ano 6, n.º 12, 1987, p. 12: "Como tal, o conhecimento sistematizado existente não é considerado uma falsidade ou uma arbitrariedade cultural da classe dominante, embora tenha sido formalizado e sistematizado por esta classe. Trata-se antes de uma apropriação do conhecimento por uma classe que, nas relações sociais existentes no modo de produção que nos caracteriza, tem condições de dedicar-se a pensar e sistematizar os conhecimentos. É então a divisão social do trabalho que torna possível a produção do saber que, só aparentemente, é autônoma. Na verdade, a sua produção é garantida pelas relações sociais".

6. PRAXEDES, Lurdes, op. cit., p. 270: "Ora, que pedagogia se usa no Supletivo? A mesma que se usa no ensino regular".

7. GRAMSCI, Antonio, *Obras Escolhidas,* p. 166: "O elemento popular 'sente', mas nem sempre compreende ou sabe; o elemento intelectual 'sabe' mas nem sempre compreende e especialmente 'sente' ... (cumpre-nos, pois) sentir as paixões elementares do povo, compreendendo-as e, portanto, explicando-as e justificando-as na determinada situação histórica, e referenciando-as dialeticamente às leis da história, a uma superior concepção do mundo, científica e coerentemente elaborada, o 'saber';..."

8. FENELON, Dea. Pesquisa histórica, mimeo., conferência realizada no Seminário de Pesquisas, do Programa de Estudos Pós-Graduados em Supervisão e Currículo da PUC-SP, maio de 88. A visão positivista "nega a Filosofia da História e o envolvimento do sujeito no processo do conhecimento — e, sem que o pesquisador possa se envolver, participar do processo de produção do conhecimento, (sendo que) a causalidade é a única perspectiva que resta nesta reconstrução; é um encadeamento de fatos, como uma armadilha cronológica."

9. *Leitura histórica.* Utilizo esta expressão no mesmo sentido que Dea Fenelon, op. cit., considera para *Leitura do tempo histórico* (p. 10). "... parte de uma perspectiva do interesse do presente e, como tal, não tem preocupação de se estabelecer como verdade. Isto é... não há necessidade da evidência da verdade, do 'científico' ou outros rótulos. Lida-se com a produção do conhecimento de uma forma um pouco mais livre de se fazer a leitura do tempo histórico".

10. Walter Benjamin, op. cit., p. 224, tese n.º 6: "Articular historicamente o passado não significa conhecê-lo 'como ele de fato foi'. Significa apropriar-se de uma reminiscência, tal como ela relampeja no momento de um perigo. Cabe ao materialismo histórico fixar uma imagem do passado, como ela se apresenta, no momento do perigo, ao sujeito histórico, sem que ele tenha consciência disso. O perigo ameaça tanto a existência da tradição como os que a recebem. Para ambos, o perigo é o mesmo: entregar-se às classes dominantes, como seu instrumento. Em cada época, é preciso arrancar a tradição ao conformismo, que quer apoderar-se dela".

11. Utilizo a expressão *conteúdos significativos* para marcar a diferença entre o que entendo por *conteúdos* que possibilitam aos educandos a compreensão da realidade e a significação *conteudista* defendida por Dermeval Saviani, Guiomar Namo de Mello, José Carlos Libâneo e Carlos Roberto Jamyl Cury. Esta expressão derivou de considerações feitas por *Paulo Freire:* "O educador popular (ou o intelectual de classe média comprometido com lutas populares) faz menos discursos puramente orais; o que esse(a) fulano(a) faz é "inteirar-se" em expressões coletivas da prática educativa que vai transformando a vida. *Os conteúdos que esse educador vai manuseando são significativos,* então. Vai-se compondo aí um programa de estórias e conteúdos da luta popular. *Vai-se compondo um programa de ações...*" (grifo meu) *Que Fazer — Teoria e Prática em Educação Popular,* (p. 41).

10. Interdisciplinaridade, competência e escola pública

Laurizete F. Passos e
Maria de Fátima Chassot

O título deste texto já traz em si uma contradição. A interdisciplinaridade vem sendo estudada, apontada como solução, aparece citada em propostas governamentais, em estudos acadêmicos, mas tem sido muito deturpada e mal compreendida.

Análises, reflexões e debates sobre a questão da competência vem sendo também realizados. Podemos arrolar inúmeros trabalhos, teses e dissertações que apontam para a necessidade de se formar um profissional competente. Os estudos da professora Guiomar Namo de Mello (1983), o artigo do professor Paolo Nosella (1983) e as reflexões do professor Miguel Arroyo (1985) são exemplos de estudos que objetivam explicitar como a competência se constrói.

A leitura desses estudos nos levou a algumas questões: O que seria realmente um profissional competente? Esse profissional poderia ser definido a partir de critérios estabelecidos *a priori* e classificado a partir deles? É possível definir competência do professor sem pensar em seu produto, ou seja, em seus alunos? Como se dá o processo de construção da competência? As escolas favorecem as condições para essa construção?

Procuraremos responder às questões levantadas por meio da exposição de um estudo de caso. Para isso apontaremos alguns resultados de uma pesquisa realizada por um grupo de pesquisadores coordenados pelas professoras Ivani Catarina Arantes Fazenda e Marli Elisa D. A. André[1] ao qual nos integramos. Tal estudo buscou encontrar, em meio a tantos problemas, acusações e fracassos, a face positiva do trabalho docente, procurando apontar como ocorre a construção do saber e do fazer didáticos de alguns professores da rede pública.

Dentre as professoras analisadas na pesquisa selecionamos uma para ilustrar o que o grupo considera uma prática competente e interdisciplinar.

A competência dessa professora não foi definida a partir de critérios próprios de uma pesquisa quantitativa. Não é também a competência descrita nos trabalhos acadêmicos por nós analisados, nem aquela competência dicotomizada em técnica e política. É uma competência pautada pelo jogo dialético entre o equilíbrio e o desafio, que pode ser percebido no relato da sua história de vida[2], metodologia utilizada pelo nosso grupo nas entrevistas.

Fomos buscar algumas marcas da competência da professora Luciana através da sua história, que se constitui de muitos momentos. Tentamos captar dentre estes os mais significativos da sua vida familiar, formação profissional, prática docente, e verificar o que a trajetória de vida tem a ver com a profissional que ela é hoje.

Foram horas e horas de observações, entrevistas e contato com os alunos. Situamos a professora falando, atuando e ouvindo o que o aluno tem a dizer sobre ela e seu trabalho.

Diferentemente de outros trabalhos de pesquisa já realizados, este teve algumas características próprias. À medida que mergulhávamos junto com a professora em sua trajetória, algo novo surgia em nosso grupo. Ao contar a sua vida, vivenciando o seu passado e refletindo sobre o processo de construção da sua identidade, o grupo passou por um processo gradativo de identificação com essa trajetória, que fazia brotar em cada um de seus membros a necessidade de rever a sua própria vida e prática profissional.

---

1. "O Cotidiano da Escola Normal: a Busca de um Novo Saber e um Novo Fazer Didáticos".

2. Sobre *história de vida,* consultar o artigo de Zeila B. F. Demartini, "História de Vida na Abordagem de Problemas Educacionais", *Cadernos Ceru,* 1987.

Cresceu no grupo uma identidade coletiva que facilitou vivenciar o trabalho de uma forma interdisciplinar, não só em termos de projeto de pesquisa, mas também em termos de construção de conhecimento.

A construção do conhecimento se fez num movimento que foi se completando e integrando a partir da compreensão do trabalho desenvolvido pela professora e da própria organização do conhecimento presente na trajetória do grupo de pesquisa. Isto possibilitou o aprofundamento teórico de diversas categorias.

No decorrer do trabalho foi brotando em nós esperança e confiança na possibilidade de um trabalho interdisciplinar na escola pública, mesmo considerando a solução vivida pela professora Luciana em seu local de trabalho.

Construindo uma trajetória equilibrada

A apreensão de todos os dados permitiu-nos perceber um fio condutor que dirige toda a trajetória de vida da professora Luciana. É na busca de um equilíbrio constante que ela enfrenta os desafios surgidos em sua vida. Esse equilíbrio se constitui numa marca que é só sua e que vai fortalecer a construção da sua identidade pessoal e profissional. A construção desse equilíbrio aparece em sua fala sobre as influências que recebeu dos pais na infância e adolescência:

> "... a sensibilidade que eu percebo em mim é mais do meu pai, então há um tempero dos dois, pois minha mãe foi muito enérgica."
>
> "... eu acredito que é uma mistura das coisas, de natureza com treinamento, na influência de cá e de lá, mas o que herdei da mamãe foi a intenção, esse compromisso de fazer muito bem-feito e sendo dócil como meu pai."

A influência de seus pais surgiu nas descrições da professora como algo fundamental na formação do seu modo de ser competente. Ela relata, com muita vivacidade, algumas frases que lembrou ter escrito em seu diário, ainda na adolescência:

"... a palavra que coloquei muito grande no meu diário estava escrita assim: *alcançar o meio-termo,* nunca aquém, nunca além, mas construir o meio-termo; muito religiosa sem ser omissa e fanática, muito amorosa sem ser passiva e obsessiva. A preparação desse ideal eu tenho construído, te digo que ainda não terminei, mas eu consigo."

Esse processo consciente da busca constante do meio-termo, que a professora consegue identificar no decorrer da sua vida, se reflete em sua prática na sala de aula e foi por nós registrada nas observações que lá fizemos. Ao analisar com as alunas um texto da CENP (Coordenadoria de Estudos e Normas Pedagógicas) sobre alfabetização, a professora Luciana, em dado momento, indaga às alunas sobre a importância do professor construir sua própria imagem, pensar com sua própria cabeça, porém sendo auxiliado com muitas leituras. Assim ela instiga as suas alunas:

"Que tal vocês começarem a formar mentalidade de melhora abastecendo suas cabeças? Ao invés de ler só a revista *Amiga,* que eu também leio, fazer outras leituras, por exemplo, conversar com vizinhos, parentes, amigas e tirar média sua e não do fulano. Estabelecer seu próprio conceito. A meta é a criança mas eu começo preocupando-me comigo mesmo. Já é o primeiro passo."

As alunas percebem isso e declaram:

"Ela agita a gente, diz coisas que transmitem segurança."

Esse comportamento instigador, chamando as alunas a uma tomada de decisão, auxiliando-as a ter pensamentos próprios, capacidade de opinar criticamente, pareceu-nos revelar a consciência que a professora Luciana tem da importância da realização pessoal no estabelecimento das bases da realização profissional. Ela sugere isto em seu depoimento:

"... eu digo que vale a pena este trabalho, que eu ainda invisto nele. Eu digo com muita convicção e as alunas acreditam em mim, não só como profissional, pois, antes de ser profissional eu sou uma pessoa. Você tem de partir da pessoa para chegar ao profissional."

No entanto, para chegar ao profissional que hoje é nossa professora, ela enfrentou alguns impedimentos próprios da sua condição de mulher nesta sociedade. Ora é o pai indo contra a sua decisão de trabalhar na zona rural quando recém-formada, ora é o marido não incentivando o seu trabalho fora do lar.

Tais obstáculos, entretanto, não impediram que ela fizesse a sua escolha, ao contrário; eles serviram como incentivo a superar e responder aos desafios que vão surgindo.

Assim, sua identidade pessoal e profissional não é construída de forma linear e planejada. Ela vai-se fazendo em meio aos obstáculos e problemas que surgem no concreto da sua vida, confirmando o que Ciampa diz: "Identidade é movimento, é desenvolvimento do concreto, é metamorfose" (Ciampa, 1985:74).

É nesse movimento de consciência da realidade que ela vive. É da necessidade de decisões próprias e respostas frente aos desafios que a sua marca pessoal vai crescendo e possibilitando a construção da pessoa-professor, sujeito da ação de ensinar.

Nas observações que realizamos na sala de aula percebemos que, em Luciana, a pessoa e profissional não se separam e seu trabalho é o desenvolvimento do seu prazer. Assim ela nos fala:

> "Estou trabalhando porque gosto, é um trabalho que dá maior prazer."
>
> ". . . a história do magistério para mim foi o desenvolvimento do meu prazer."

Fica, para nós, uma observação quanto ao equilíbrio que a professora Luciana tenta manter em seu trabalho e em sua vida. Uma pessoa que lutou e conquistou a sua realização pessoal pode também conquistar a realização na sua profissão. Daí o grande prazer que ela diz encontrar em seu trabalho diário e que ela faz questão de transmitir às alunas.

Se considerarmos a sua fala, as observações e a fala dos alunos, podemos perceber uma integração do lado afetivo com o cognitivo na direção do seu trabalho.

O conhecimento é construído numa busca de reflexão junto com o aluno. Reflexão que se desenvolve sobre a sua prática de trinta anos de magistério, entrelaçada com a prática vivenciada no estágio.

No relato de uma atividade desenvolvida pela professora, encontramos um processo dinâmico de reflexão que caracteriza as suas aulas. No início do ano ela pede às alunas que respondam três questões em um papel, "sem muito pensar":

1. Por que escolhi o curso de Magistério?

2. O que espero do curso de Magistério?

3. O que levarei desse curso para a minha vida profissional?

As respostas foram guardadas e a professora explicou que as devolveria em um momento oportuno.

No mês de novembro ela tornou a pedir às alunas que respondessem três questões idênticas àquelas elaboradas no início do ano. Pediu depois que fizessem um confronto entre as duas respostas, uma "auto-análise". Diz ela:

> "Nesse momento, eu botei, feito um raio X, uma coisa, uma lente especial nos meus olhos, fiquei observando as reações, porque, te digo, essencialmente, o professor tem que ser um cara esperto e perspicaz. Então você precisava de uma filmadora na hora para ver as reações delas, porque elas se desconheceram."

Proporcionar esse momento de confronto com as alunas, no qual elas próprias analisaram seu crescimento, decorre de uma visão de conhecimento que se realiza no processo. Não há possibilidade de o aluno ficar apático, à margem de uma reflexão que envolve a sua própria vida e sua escolha. Isto pode germinar no aluno atitudes de compromisso com o seu trabalho, pois ele se percebe sujeito do conhecimento que vivencia.

Pudemos observar que a reflexão é fruto da ação que se faz na sala de aula e é decorrente da própria vida de trabalho do professor. Assim ela diz: "Só se faz algo de que você está convencida".

Os alunos legitimam essa afirmação quando dizem:

> "Tivemos sorte de ter uma professora tão competente, dando a teoria e pondo em prática o que ela diz, apontando com experiências."
>
> "Passa situações reais para estudo e aulas práticas."
>
> "Pudemos vê-la atuando e percebemos que há coerência entre o que ela diz e o que faz."

Esse equilíbrio entre reflexão e ação se caracteriza pela unidade teoria/prática e também está presente quando ela se expressa sobre o seu plano de curso:

> "Eu tenho um compromisso com o programa e me divido para cumprir o planejamento que me impus. Eu privilegio uma média entre a teoria e a prática. Se eu ficar com esta teoria que é o conteúdo programático, eu vou ficar numa roda viva de teoria, pois muitas vezes um item ou outro é interessante, mas certas partes ali são totalmente maçantes. De repente só a prática eu não consigo, porque o que é a prática se não tem o embasamento do todo?"

Essa unidade teoria/prática faz parte da própria concepção de conhecimento da professora e, portanto, faz-se presente nas atividades desenvolvidas. Queremos, aqui, reportar-nos a Snyders, que diz ser "indispensável que a teoria tenha já nascido de uma prática real naqueles a quem se dirige, que seja a tomada de consciência da prática, ou pelo menos do sentimento que os anima e que eles gostariam de ver encarnado na prática" (Snyders, 1974:206).

Nesse sentido, o estágio supervisionado é encarado como momento de síntese da vinculação teoria/prática. Síntese porque ele não é exercido apenas para atender ao cumprimento de uma exigência legal, mas porque é expressão de um fazer pedagógico que se construiu tendo como suporte a experiência docente da professora nas escolas de 1.ª a 4.ª séries, o desvendamento da realidade e necessidade das alunas, futuras professoras, e um corpo de conhecimentos teóricos refletidos coletivamente. Os três elementos formam um todo que orienta uma ação pedagógica planejada, criativa e incentivadora de uma prática competente e compromissada.

Na fala das alunas percebemos o significado e importância do estágio para a sua prática profissional:

"Ganhamos mais experiências."

"Possibilidade de conviver concretamente com crianças."

Elas ressaltam a importância quando pedem mudanças na questão das aulas práticas:

"... deveria haver mais chance da nossa participação nos estágios."

"... já que é profissionalizante, deveria haver mais prática."

Embora a maioria das alunas tenha verbalizado a necessidade da prática durante o curso, algumas lamentaram o fato de o professor responsável pela classe onde o estágio se realiza não estar integrado com uma proposta de estágio na qual haja a articulação concreta dos elementos que dele participam: alunos estagiários, professora da classe e professora de Didática.

"... alguns professores não gostam de estagiários e não nos deixam fazer nada."

"... professor da classe vê o estagiário como ajudante e fica nos mandando somente passar lições no caderno; ele deveria ser mais didático."

Há também um elemento que nos chamou muito a atenção na prática da professora de Didática. Embora ela afirme que o seu aperfeiçoamento tenha ocorrido na própria sala de aula, pudemos constatar que ele se fez porque ela é uma pessoa preocupada em descobrir novos caminhos para o seu trabalho.

Procura a CENP (Coordenadoria de Estudos e Normas Pedagógicas da Secretaria de Educação do Estado de São Paulo) em busca de auxílio; participa de treinamentos; tenta buscar na psicologia uma ajuda para o seu trabalho em Didática; vai ao encontro de profissionais especializados para virem conversar com as alunas. Ela mesma afirma: "... eu vou enxertando coisas interessantes, atrativas, coisas relacionadas com o conteúdo".

Ela vai buscar na música, na poesia, na dramatização, no contato com outras áreas do conhecimento, uma aproximação com o seu trabalho em Didática.

Acompanhamos a análise da poesia "Louvor de Aprender", de Bertold Brecht, a análise da música "Coração de Estudante", letra de Milton Nascimento e música de Wagner Tiso, e a dramatização de uma vivência sobre o papel do professor e a relação pais/professores. Também acompanhamos outras atividades, como a formação de um coral, mesas-redondas com os integrantes do Conselho da Condição Feminina ou ainda com integrantes do Movimento Negro.

Seu modo de trabalhar os conteúdos parece levar as alunas à reflexão, à inquietação, à incerteza, o que se opõe a uma forma de transmissão do conhecimento pronto e acabado. Ela parte da perspectiva de que o conhecimento pode ser criado e recriado pelos alunos.

Poderíamos arriscar dizer que, a partir dos dados que obtivemos do trabalho da professora Luciana, sua concepção de conhecimento é produzida a partir do que é real e se desenvolve à medida que engendra um saber prático. Isto nos remete à concepção de conhecimento defendida por Gramsci, na qual o processo de conhecimento passa por um movimento dialético do sentir ao saber, percorrendo o compreender. Assim, para ele: "Conhecimento é autoconsciência que se efetiva através da sua própria autoconstrução que, por sua vez se realiza numa construção do mundo" (in Grisoni, 1974:206).

Nessa caminhada de vida e profissão da professora Luciana o movimento ação-reflexão-ação está presente em seu modo de agir e pensar interdisciplinarmente. Da mesma forma, sua concepção do papel do professor revela uma postura não-estática, cuja função docente está claramente caracterizada para ela. O professor é o articulador da aprendizagem que ocorre com os alunos. Esse papel diretivo, porém sem autoritarismo, é encontrado em seus depoimentos:

> "As aulas das sextas-feiras são gostosas, descontraídas, mas eu com a batuta na mão para não deixar a coisa escapar."

> "... a autoridade que eu tenho não é uma coisa imposta, tem que deslizar, é natural. Não é aquela história do 'Quem manda aqui sou eu', os alunos sabem que na sala de aula há um líder, que esse líder é o professor, a quem ele atende de forma natural e ele aceita porque sabe que não é imposto."

A consciência clara que a professora Luciana tem do seu papel de professora permite que ela use de metáforas para expressar às alunas essa consciência. Na simplicidade e profundidade das metáforas ela mostra como entende o papel do professor e nas observações constatamos que ela vive esse papel no cotidiano da sala de aula, influenciando o aluno e instigando-o a pensar sobre ele:

> "... eu digo que o professor é um ator de múltiplas facetas, devotado a se mudar, a se transmutar, a se transvestir, em todas as épocas que forem necessário e em toda circunstância que houver."
>
> "... esse ator que se comove, cheio de autenticidade, de brio, de transparência, pode chegar um dia e ter a lisura de dizer: gente, desculpe, eu não estou legal, hoje não sei se vou conseguir trabalhar muito bem, vocês me ajudam? Da mesma forma, no outro dia, possa dar uma bronca fenomenal."

Essa clareza fenomenal sobre o que é ser professor, Luciana revela ao falar sobre os seus alunos: "... eu não acredito que o nível sócio-econômico seja baixo, tem alunas pobrezinhas mas nem é a maioria, nem é a metade, eu acho que a metade é de um nível de classe média mesmo."

Reconhece que elas entram imaturas no 1.º ano e que o professor é o responsável para despertar e facilitar o amadurecimento do aluno no decorrer do curso.

Percebemos que, em outras ocasiões, ela sai em defesa do aluno em resposta à própria intransigência da direção da escola em não aceitar o Curso de Formação de Professores e dificultar a passagem do aluno pela escola para pedir ajuda: "... isso é coisa que se faz com o aluno? Eu estou cansada, isto interfere no meu trabalho e me desestimula bastante".

Assim, o trabalho da nossa professora é bastante solitário, seja no sentido da escola enquanto *locus* do trabalho pedagógico, seja no âmbito mais geral dos profissionais que trabalham com a formação de professores. Ela denuncia essa solidão de uma forma emocionada e alerta para a necessidade de um trabalho coletivo.

> "A minha queixa, que eu trago, que eu jogo pra vocês, é do meu trabalho ser essencialmente solitário, eu não quero isto, eu não peço isto. Se eu me emocionar me desculpem mas tenho feito um esforço, eu fui à Delegacia de Ensino três vezes. Eu vou pedir. Gente, eu preciso encontrar outros professores de Didática que me digam o que estão fazendo."

Seu apelo é veemente. É uma denúncia e um clamor que marca o seu compromisso com o trabalho pedagógico e que tem a preocupação com o aluno, futuro professor:

> "Um encontro esporádico não resolve nada. Tinha que ser encontros sistemáticos. A coisa marcada, uma vez por mês no mínimo. Agora eu te digo um negócio: isto é uma irresponsabilidade, porque tem professores que trabalham solitários e dá certo, e tem professores desastrados trabalhando sozinhos, metendo os pés pelas mãos, jogando aí no mercado réplicas de si mesmos. Essa é a maior tragédia. O professor que trabalha contrariado, a duras penas, com ombros caídos, passa tudo para o aluno."

Podemos dizer, em termos gerais, que o compromisso se faz pela consciência histórica de como ele se construiu na vida dessa profissional. A luta pela busca da identidade pessoal e profissional se fez com muita determinação. Verificamos que há sempre uma tentativa de superar barreiras sociais para que esse ser profissional, esse sujeito da ação de ensinar, pudesse emergir e desenvolver-se.

É uma conquista que se realiza no dia-a-dia e se fortalece em sua competência enquanto professora compromissada com os seus alunos em seu trabalho de sala de aula.

Na expressão desse trabalho competente e compromissado a professora construiu uma vivência interdisciplinar. A interdisciplinaridade se fez por meio do encontro da consciência individual, caracterizada por um discurso interior que se fortalece na busca da sua identidade pessoal e profissional, e da exteriorização dessa consciência, por meio da palavra, do gesto e da ação, que exprimem um modo particular de conceber o mundo, o homem e a sociedade.

Referências bibliográficas

ANDRÉ, M. E. D. e LUDKE, M. *Pesquisa em Educação: Abordagens Qualitativas.* São Paulo, EPU, 1986.

ARROYO, M. G. *Do Compromisso Político à Competência Técnica.* Universidade Federal de Minas Gerais, texto mimeografado.

CIAMPA, A. C. "Identidade", in *Psicologia Social: o Homem em Movimento.* São Paulo, Brasiliense, 1986.

DEMARTINI, Z. B. F. "História de Vida na Abordagem de Problemas Educacionais", *Cadernos Ceru,* 1987.

FAZENDA, I. C. A. "A Questão da Interdisciplinaridade no Ensino", *Educação e Sociedade,* n.º 27, São Paulo, Cortez/Cedes, 1987.

GRISONI, D. e MAGGIORI, R. *Ler Gramsci.* Lisboa, Iniciativas Editoriais, 1974.

MELLO, G. N. de. *Magistério de 1.º Grau.* São Paulo, Cortez/Autores Associados, 1988.

NOSELLA, P. G. "Compromisso Político Como Horizonte da Competência Técnica", in *Educação e Sociedade,* n.º 14, São Paulo, Cortez/Cedes, 1983.

SNYDERS, C. *Pedagogia Progressista.* Coimbra, Almedina, 1974.

11. A busca da interdisciplinaridade e competência nas disciplinas dos cursos de Pedagogia

Marisa del Cioppo Elias e
Marina Graziela Feldmann

Entendemos o curso de Pedagogia como aquele que vai formar o educador competente para atuar no ensino de 1.°, 2.° e 3.° graus. Partimos do pressuposto de que esse educador deverá adquirir não só um saber sistematizado, mas vir a criar sua própria metodologia para construção desse saber.

A garantia dessa construção reside na competência do educador em descobrir, sistematizar e transmitir determinado conteúdo, o que passa, necessariamente, pela compreensão histórico-social da vida do educando e pela apreensão do conhecimento integrado das diferentes disciplinas que compõem o curso de Pedagogia. Estas, por sua vez, deverão inter-relacionar-se, tanto pelos métodos como pelos conteúdos, para poderem atingir uma melhor compreensão da realidade do processo pedagógico.

Constatamos, assim, que, no campo da educação, uma forma de se fugir à fragmentação do ensino é a de se pesquisar a realidade em todas as suas possibilidades e interconexões, o que ainda existe de forma incipiente na prática desses cursos. Se houvesse, por parte dos educadores, um esforço individual e coletivo no sentido de mudar a própria postura, procurando caminhos onde o querer, o buscar, o novo fossem priorizados na construção do conhecimento, certamente não haveria a indissociabilidade entre teoria e prática. Esta nova postura pressupõe um intelectual comprometido, que tenha uma visão globalizante da problemática educacional e uma intenção clara e objetiva do que pretende desenvolver. Para esse intelectual, trabalhar a integração do saber representa a possibilidade e a diretriz da recuperação da totalidade do ato de conhecer, totalidade esta que se apresenta como oposição à multiplicidade desordenada das especializações do saber e da falta de unidade das linguagens específicas entre as disciplinas do curso de Pedagogia, e no trabalho universitário em geral.

O pesquisar novos conhecimentos, novos caminhos é gerado quase sempre pela insatisfação diante das condições presentes na prática pedagógica. A busca da transformação, da inovação, ou o pensar diferentemente do grupo ou da instituição à qual pertença, conduz geralmente esse intelectual a um trabalho solitário.

No caso específico do curso de Pedagogia, procuramos vivenciar tal atitude no sentido de buscar um conhecimento integrado com os nossos alunos, apesar de ter sido um caminho percorrido com inúmeras e sérias dificuldades. A partir desse trabalho, percebemos que nesse caminhar estávamos construindo, aos poucos, uma pedagogia, pedagogia da transformação que tinha como ponto de partida e de chegada a problematização da realidade educacional.

Enquanto prática pedagógica, entendemos que agíamos de forma interdisciplinar ao construir coletivamente o saber, ao buscar, juntos, o novo, o risco, a descoberta, o diálogo, a troca, o conhecer, deixando que cada um assumisse a sua própria prática dentro dos próprios limites.

Então, com o objetivo de melhor compreender e interferir na construção do conhecimento sistematizado em sala de aula é que propusemos, numa mesma universidade e para diferentes disciplinas, *duas abordagens interdisciplinares,* as quais gostaríamos de compartilhar com vocês.

1) Metodologia, prática de ensino e estágio supervisionado nas escolas de 1.º e 2.º graus: em busca do conhecimento integrado

O início do nosso trabalho junto às disciplinas citadas teve como ênfase o aspecto instrumental dos conteúdos programáticos, o qual difere da reflexão que hoje fazemos sobre trabalho pedagógico.

Insatisfeitas, sentíamos que faltava a compreensão da gênese e das implicações científicas que pudessem embasar o nosso próprio caminhar, assim como a compreensão das ações que eram trabalhadas pelas disciplinas do curso. Como resultado tínhamos um completo distanciamento entre a teoria trabalhada e a prática observada da realidade escolar.

Preocupava-nos a falta de espaço para a discussão da origem dos conhecimentos que fundamentam a aprendizagem — perpassados pelas ideologias, enquanto visão de mundo — a qual era substituída por uma visão espontaneísta que se resumia, como dissemos, na transmissão de conteúdos elaborados. Conseqüentemente, nos angustiava o fato de não podermos fornecer aos futuros mestres um espaço, mesmo que limitado, para refletirem sobre os modelos e as metodologias trabalhados teoricamente e observados quando da sua aplicação prática pelos professores que atuavam nas escolas de 1.º e/ou 2.º graus.

Foi tentando encontrar caminhos que, a partir da década de 80, começamos um trabalho de construção do conhecimento em sala de aula, buscando, em todos os campos de investigação humana, respostas aos questionamentos trazidos da realidade, através do estágio supervisionado, questionamentos esses enriquecidos a partir das vivências e das trocas de experiências.

Vivíamos um momento político-econômico-social de mudanças que culminou com a instalação da Nova República no país, cujos ideais propostos para a educação estavam na valorização e recuperação do saber em todos os níveis, na definição da política educacional e na reabilitação das escolas públicas.

Nossas discussões na universidade guiavam-se pelo objetivo de clarificar o papel político da educação, da escola e, conseqüentemente, do próprio ensino. Elas abriram espaço para que pudéssemos compartilhar as nossas preocupações com colegas que ministravam as mesmas disciplinas e que, como nós, buscavam trabalhar no sentido de ir além dos métodos e das técnicas e a desejar integrar a teoria e a prática, embora ainda fosse expectativa do aluno receber "receitas prontas".

Juntamente com outras três colegas, começamos a esboçar os primeiros passos na direção de trabalhar os conteúdos sob vários ângulos — da Filosofia, da Psicologia, da História, da Biologia, da Sociologia — tentando explorar ao máximo cada assunto e resolver o problema da fragmentação do ensino. A característica principal desse trabalho foi sempre a utilização que fazíamos das observações sistemáticas da prática pedagógica trazida pelas alunas.

Essa tentativa de somar esforços num trabalho coletivo possibilitou o surgimento de um conhecimento comum que era construído com o aluno, o que exigia de nós uma conscientização mais apurada, um grau elevado de interpessoalidade antes do atingimento da consciência grupal. Todo aglutinamento em torno da idéia de realizar um trabalho interdisciplinar, por sua vez, exige a transposição de barreiras ideológicas e administrativas. Sentíamos que essas barreiras se opunham à busca que fazíamos de caminhos menos fragmentados para a construção do conhecimento. Relações de poder presentes na universidade falaram mais alto e o nosso projeto coletivo teve que ser interrompido. Restou-nos a experiência individual e a intenção clara e objetiva da prática que desejávamos desenvolver junto aos nossos alunos. A experiência coletiva vivenciada nesse projeto, aliada à nossa prática atual, tem possibilitado o surgimento de um "novo" ensino, calcado na figura concreta do aluno, com sua individualidade, suas possibilidades e conflitos e, juntos, estamos construindo melhores condições de ensino no sentido de poder intervir, de forma efetiva, na realidade que nos cerca.

A Prática de Ensino, vista por alguns como disciplina menor, tem sido o ponto alto para as nossas reflexões, uma vez que ela é determinada pelos propósitos teóricos da disciplina Metodologia do Ensino, que, por sua vez, são derivados de um quadro teórico geral que abrange todas as disciplinas do curso de Pedagogia. Essa prática acontece na sala de aula, momento em que se busca socializar os conhecimentos, trazer à tona os dados pesquisados da prática dos professores das escolas de 1.º e/ou 2.º graus para, a seguir, confrontá-los com a nossa própria prática e a nossa história de vida. É quando recorremos à origem dos diferentes modelos pedagógicos, discutindo e argumentando as evidências apresentadas, localizando-as na época e na sociedade em que surgiram e concluindo sobre a aplicabilidade ou não desses modelos teóricos à nossa realidade escolar. O que vem acontecendo, desde então, é um melhor entendimento, uma maior reflexão sobre a teoria proposta pelas metodologias de ensino, que, juntamente com as contribuições dos conteúdos trabalhados nas demais disciplinas do curso, são reunidas em sínteses coerentes, chegando-se à construção de conceitos teóricos que privilegiam o encontro de novas alternativas para a prática de ensino. Porém, neste tipo de trabalho, o professor é solitário em relação aos colegas, uma vez que a atuação coletiva só se concretiza junto aos alunos.

Tomando como ponto fundamental a necessidade de se articular ensino e pesquisa, o núcleo do nosso trabalho é o *estágio supervisionado*. Ele serve de ponto de partida para o encontro que fazemos entre os dados trazidos pelos alunos, da realidade das escolas e os conhecimentos teóricos transmitidos no curso como um todo. O retorno de estágio é, a nosso ver, o momento privilegiado do curso por ser momento de construção do "saber" a partir do pensamento e da ação de cada aluno e de todo grupo-classe.

Hoje nossa prática como professora das disciplinas Metodologia, Prática de Ensino e Estágio Supervisionado, nas escolas de 1.º e/ou 2.º graus, nos mostra a necessidade de se trazer para a sala de aula a discussão dos modelos ou propostas teóricas vinculados à realidade das escolas — tomando como base a escola pública, a escola de periferia e a escola rural — para, à luz da prática, analisá-los e interpretá-los e constatar a necessidade de se estabelecer uma ligação dialética entre a teoria e a prática, necessária em todo trabalho pedagógico. Essa ligação não significa, como diz Garcia (1979), "... menosprezar o caráter emancipador da teoria e suas possibilidades de propor algo completamente novo em relação ao existente" (p. 125), mas a busca do equilíbrio, de um trabalho dialético de ação-reflexão-ação, que o próprio Garcia define como "... relação progressiva que implica em evolução, desde o momento em que a teoria influi sobre a prática, modificando-a e na medida em que a prática fornece subsídios para teorizações que podem transformar uma dada situação" (pp. 128-29).

A pesquisa, quando aproximada do ensino, torna-se um instrumento rico em possibilidades. No caso do Estágio Supervisionado, há uma preocupação em buscar soluções para os problemas do ensino, que, como sabemos, repercutem em todos os aspectos da educação.

Entre os vários instrumentos de coleta de dados, o mais usado, no estágio, é a observação. Antes mesmo de selecionar a escola onde o mesmo se desenvolverá, procuramos esclarecer o aluno sobre *o que* e *como* observar, levando-o a utilizar-se da observação como um instrumento de investigação científica. Este é o primeiro, quando se define o aspecto ou aspectos que serão observados e a melhor maneira de captá-los. Num segundo momento, planeja-se o grau de participação do observador, a quantidade e a duração das observações.

Com esses propósitos bem definidos, o aluno inicia as suas observações, que devem ser sistemáticas e bem controladas. As formas de registro dos dados obtidos variam de aluno para aluno. Uns apenas fazem anotações escritas, outros combinam suas anotações com transcrições de gravações, filmes, fotografias, documentos e outros.

As observações não se restringem à sala de aula, mas, sem desviar-se demasiadamente desta — seu objeto de investigação — o aluno deve manter uma perspectiva de totalidade da escola, buscando espaço para o diálogo, para a participação e a troca de informações com a direção, a coordenação pedagógica, o professor da classe e os próprios alunos. Isso tem contribuído para mudar a visão que a escola tem do aluno estagiário. Nossos estagiários são hoje vistos como elementos participantes e ativos, pois, enquanto buscam conhecer a realidade do ensino, estão levando para dentro da escola as discussões e conceitos mais recentes veiculados pela universidade e estabelecendo a ponte de ligação entre o 1.º, 2.º e 3.º graus. Como conseqüência, temos conseguido um trabalho rico onde, juntamente com o aluno, vamos construindo uma metodologia possível, a qual é mediada pelo referencial teórico (modelo) e a realidade das escolas (práticas), cuja ausência (ligação teoria-prática) era sentida pelos educandos, futuros mestres. Esta postura que invalida a expressão "Na prática a teoria é outra" não permite que o nosso aluno se sinta despreparado para exercer o magistério ou encontre dificuldades para relacionar a "teoria" que aprendeu com o cotidiano da sala de aula.

Na reflexão que fazemos sobre o nosso caminhar enquanto professora, procuramos construir novos caminhos desvelando um leque de opções para o futuro mestre trilhar na construção do próprio fazer pedagógico. Esse caminhar, que tem a teoria como guia e a prática como suporte, certamente permitirá que cada um tenha condições de analisar o próprio trabalho, as situações específicas surgidas em sala de aula para as quais somente ele poderá dar a solução e não a teoria. Parece-nos que esse trabalho perpassa a simples reflexão teórica, quando busca interpenetrar os conteúdos das disciplinas, em busca da totalidade, da unidade do ato de conhecer.

2) A possibilidade de se vivenciar a interdisciplinaridade no curso de pedagogia: estrutura e funcionamento do ensino de 1.º e 2.º graus — a "mal-dita" do curso de pedagogia

Ao iniciarmos as nossas atividades como docentes na referida disciplina, não tínhamos a percepção bastante clara de qual deveria ser a linha de trabalho a ser adotada no curso de Pedagogia. Associada à recenticidade da exigência legal, que tornava obrigatório o estudo de Estrutura e Funcionamento do Ensino de 1.º e 2.º Graus, com nossa inexperiência em sala de aula, ficava bastante difícil estabelecer uma definição acerca do seu objeto específico, dos seus conteúdos pertinentes e da sua avaliação.

Hoje percebemos que, em nossas primeiras aulas, adotamos um enfoque legalista do problema (era a época da euforia em torno da Lei n.º 5.692/71), valorizando, assim, uma tendência menos interpretativa e mais descritiva de como deveria ser a organização do sistema escolar brasileiro a partir da Reforma de 1971.

Nesse evoluir, a disciplina passou a ser considerada como árida, abstrata, desmotivadora e defensora de leis. Como respostas às críticas dos alunos e da nossa imensa insatisfação diante de tal fato, começamos a buscar respostas para algumas questões relativas ao significado da mesma.

É importante este relato, pois acreditamos que essa busca de significado tenha coincidido com o desenvolvimento da nossa trajetória intelectual. A procura de diretrizes para o nosso trabalho possibilitou-nos um conhecimento maior de nós mesmas, à medida que adquirimos uma maior consciência do valor, possibilidades e limites de nossa atuação docente. Respostas encontradas, ainda que provisórias, mas que foram significativas nessa etapa da nossa vida.

Nossa preocupação se volta para a compreensão dos problemas educacionais decorrentes de fatores estruturais e organizacionais, buscando apoio em fundamentações históricas, culturais e sociopolíticas que possam evidenciar as várias inter-relações existentes entre o sistema escolar e os demais sistemas existentes em nosso meio social.

Entendemos que a organização e o funcionamento do sistema escolar não podem ser apreendidos simplesmente pelo estudo dos seus aspectos formais, ou seja, apenas pelo caráter descritivo da estrutura de ensino. Torna-se necessário enfatizar que, para apreendermos a realidade concreta desse sistema, é essencial penetrar em suas raízes históricas, na sua essência, captando, aí, seus reais valores, suas contradições, sua ideologia, e buscando, permanentemente, o conhecimento integrado com a análise das circunstâncias históricas, políticas e sociais presentes.

Partimos do entendimento de que a estrutura de ensino se apresenta como reflexo das concepções e das tendências pedagógicas existentes. Estas, por sua vez, definem os critérios de organização e funcionamento do sistema, a fim de que sejam mantidos os valores dessas concepções, ainda que estas possam expressar apenas os interesses e ideais de uma minoria, conforme se pode depreender da própria interpretação histórica da formação e evolução do ensino escolar brasileiro.

Ao refletir o conteúdo da disciplina, em conjunto com os alunos em sala de aula, a estrutura de ensino é analisada considerando-se seus limites e determinações dentro de uma abordagem macroeducacional que privilegie as relações entre a escola, o Estado e a sociedade. Ao mesmo tempo, procuramos evidenciar que, apesar da estrutura ser definida a partir de uma orientação política dominante, contraditoriamente, cabe ao educando romper essa mesma estrutura e reconstruí-la de acordo com valores e tendências de uma pedagogia emancipadora. Dessa forma, o futuro educador é levado a montar alternativas de ação, localizar pontos estratégicos no espaço organizacional da escola, interpretar ambigüidades de ordem legal, captar as contradições, a fim de desencadear mudanças significativas na reconstrução do sistema escolar.

Na busca de um conhecimento integrado, quando utilizamos conteúdos de ciências pedagógicas, tais como: a História, a Filosofia, a Sociologia da Educação, o grande desafio, que se coloca para o educador competente e compromissado, consiste no entender e relacionar o papel mediador que a escola representa em conjunto com outras instâncias da sociedade, na construção de um sistema articulado e democrático de educação, sistema este que atenda as necessidades concretas da grande maioria da população.

É importante, nesse sentido, para o desenvolvimento da disciplina, integrar as experiências de vida dos alunos à sua percepção do real e ao conhecimento sistematizado. O aluno passa a ser visto não como um sujeito idealizado, mas como um sujeito histórico inserido numa classe social determinada com suas lutas, movimento e contradições, e, principalmente, como um sujeito que produz o conhecimento, reinventa e reconstrói as experiências.

Mas, como trabalhar dentro de uma perspectiva interdisciplinar, se vivemos em uma sociedade onde o processo produtivo é fragmentado, e a própria ciência é desenvolvida de maneira fragmentada?

Concordamos com Luís Carlos de Freitas[1], em seu artigo sobre a interdisciplinaridade no curso de Pedagogia, ao ressaltar que é intencional o não-desenvolvimento de uma ciência pedagógica comprometida com a verdade sobre a vida social e, melhor ainda, se não houver interdisciplinaridade, pois quase sempre o conhecimento científico é separado da análise das leis mais gerais do desenvolvimento da sociedade na qual é produzido.

Nossa experiência tem mostrado que a interdisciplinaridade, quando trabalhada em sala de aula, apresenta-se ao educador como forma de resistência, na luta contínua pela transformação da estrutura escolar e, conseqüentemente das estruturas políticas, econômicas e sociais.

Uma das primeiras preocupações nesse caminhar foi entender qual seria a concepção de educação que deveria nortear o desenvolvimento da disciplina, qual o caráter da legislação como um instrumento de análise da realidade e qual a integração que deveria existir entre a Estrutura de Ensino e as demais disciplinas do curso.

Partindo, então, do pressuposto de que a educação é uma prática social e que a formação do educador requer diferentes dimensões — tais como criticidade, criatividade, compromisso e transformação — a disciplina Estrutura e Funcionamento do Ensino de 1.º e 2.º Graus passou a ter, como diretriz principal, o estabelecimento de parâmetros para a análise crítica da organização do ensino de

---

1. FREITAS, Luís Carlos de. "A Questão da Interdisciplinaridade: Notas Para a Reformulação dos Cursos de Pedagogia". Campinas, FE, UNICAMP, 1988, mimeo.

1.º e 2.º graus, tanto em seu aspecto pedagógico como em seus aspectos político e administrativo.

A estrutura de ensino foi, assim, caracterizada não como algo isolado, abstrato, mas sim como um elemento que se concretiza dentro de um processo dialético na inter-relação de um conjunto de ordem política, econômica e social. Dentro dessa perspectiva, passou a ser desenvolvida a análise da concepção e do funcionamento do sistema escolar brasileiro, enfocando-o como um elemento condicionado e condicionante de mudanças sociais que ocorrem dentro de um processo histórico determinado.

Na caracterização da organização e funcionamento do ensino de 1.º e 2.º graus, privilegiamos o estudo contextuado da legislação educacional, isto é, abordando-a em suas várias dimensões de análise: a filosófica, a sociológica, a psicológica e a histórica. Assim, por exemplo, quando caracterizamos a Lei n.º 5.692/71, não é feito apenas um estudo legal, mas, principalmente, uma análise do aspecto burocrático na educação, as relações de poder, dos pressupostos e princípios norteadores que sustentam a proposta da estrutura escolar brasileira em relação aos seus antagonismos e contradições. Para entendermos qual a concepção de mundo, que tipo de homem está por trás dessa proposta, é na concepção liberal de educação (estudo do liberalismo) que vamos buscar os fundamentos filosóficos para construirmos os nossos parâmetros de análise.

Na história da educação, encontramos suporte para conhecermos a formação e evolução do sistema escolar entendido como um todo, principalmente nas razões históricas que, ao longo do tempo, dificultaram a integração entre os diferentes tipos e níveis de ensino e, conseqüentemente, impediram a construção de um sistema articulado e democrático de educação. Principalmente enfatizando o papel que a legislação educacional representou nesse contexto.

A análise da retrospectiva histórica configura-se em condição essencial para analisarmos as circunstâncias políticas, econômicas e sociais que envolviam a educação brasileira quando da promulgação da Lei n.º 5.692/71. Nesse sentido, o estudo da década de 60 a 70 é enfatizado, uma vez que é nesse período que irão ser montadas as bases da estrutura escolar brasileira, que, de um modo geral, vigora até os nossos dias. A Lei n.º 5.540/68 e a Lei n.º 5.692/71, frutos dessa década, constituir-se-ão em marcos principais de um corpo doutrinário (ideologia tecnológica) que pretendeu, assim, enquadrar o sistema escolar brasileiro dentro do modelo econômico nacional-desenvolvimentista adotado após 1964.

No que diz respeito à proposta curricular contida na Lei n.º 5.692/71, buscamos construir um referencial teórico apoiado na linha cognitivista de Piaget para analisar as categorias curriculares como atividades, áreas de estudos, disciplinas, conceitos de ordenação vertical, horizontal etc., ou seja, diretrizes consideradas básicas para se estruturar a escola de 1.º e 2.º graus.

Assim entendida, a legislação educacional passa a ser considerada um instrumental valioso e necessário à intervenção intencional, planejada e crítica do educador na realidade educacional brasileira.

Concordamos com Saviani quando enfatiza que "o estudo da legislação se revela um instrumento privilegiado para a análise crítica da organização escolar porque, enquanto mediação entre a situação real e aquela que é proclamada como desejável, reflete as contradições objetivas que, uma vez captadas, nos permitem detectar os fatores condicionantes da nossa ação educativa".[2]

Dessa forma, a disciplina passou a ser trabalhada no curso de Pedagogia como um ponto de integração de subsídios teóricos construídos por outras ciências pedagógicas, a fim de que o aluno pudesse compreender melhor e captar o significado real dos aspectos formais e estruturais do sistema escolar, assim como de suas contradições internas e externas apresentadas. Ao ser vivenciada, ela possibilita a mudança ao resgatar o conhecimento integrado através da assimilação crescente do materialismo dialético, ao mostrar sua importância no processo de contestação da ideologia dominante.

Essa forma de entender e trabalhar a disciplina Estrutura e Funcionamento do Ensino de 1.º e 2.º Graus tem, de modo geral, encontrado grande receptividade e aceitação por parte dos alunos, que a consideram de extrema relevância em sua formação e preparação como futuros educadores.

Mas essa situação nem sempre é compartilhada pelos demais membros da instituição. Durante as discussões existentes na recente reformulação curricular do curso de Pedagogia, pudemos constatar

---

2. SAVIANI, Dermeval. *Educação do Senso comum à Consciência Filosófica*. São Paulo, Cortez — Autores Associados, 1985, p. 155.

que existem, ainda, alguns professores que apresentam uma visão extremamente legalista acerca da disciplina, pois a encaram apenas como mera descrição de leis. Uns apresentam desconhecimento e preconceitos sobre as suas possibilidades como instrumental de análise e outros até a caracterizam como disciplina de "segunda classe".

Na realidade, essa situação constata que a referida disciplina não se livrou da incômoda característica de ser a "maldita" do curso de Pedagogia. Talvez a "mal-dição" comece no próprio nome da disciplina. Ele vem carregado de um sentido disciplinador, normativo e até autoritário, estabelecendo, *a priori,* uma relação de linearidade, acrítica entre o que é (estrutura) e como deve ser feito (funcionamento). E é dentro dessa "mal-dição" e pensando em ampliar o debate que procuramos registrar a busca do seu significado e possibilidades, enquanto um caminhar trilhado de dúvidas e certezas, que tentamos, agora, compartilhar com vocês.

Referências bibliográficas

FAZENDA, Ivani C. A. *Integração e Interdisciplinaridade no Ensino Brasileiro — Efetividade ou Ideologia.* São Paulo, Loyola, 1979.

FREITAS, Luiz C. de. "A Questão da Interdisciplinaridade". Campinas, FE/Unicamp, 1988 (mimeo.).

GARCIA, Walter E. *Educação — Visão Teórica e Prática Pedagógica.* São Paulo, McGraw-Hill, 1979.

JAPIASSU, Hilton. *Interdisciplinaridade e Patologia do Saber.* Rio de Janeiro, Imago, 1976.

SAVIANI, Dermeval. *Educação do Senso Comum à Consciência Filosófica.* São Paulo, Cortez/Autores Associados, 1985.

12. Tevê: a sedução interdisciplinar

João Baptista Winck

Como profissional de televisão, professor universitário na área de Comunicação Social e pesquisador da linguagem tele-educativa, eu gostaria de fazer neste artigo algumas considerações que, creio, poderão avançar a abordagem da interdisciplinaridade pelo ponto de vista da Comunicação.

A primeira delas diz respeito à questão do currículo dos cursos superiores de Comunicação. Em poucas palavras, vale dizer que há pelo menos dez anos têm-se realizado discussões sobre a questão. O final dos anos 70 e início dos 80 foram marcados por duas características que, se aparentemente antagônicas, acabaram por se tornar a marca registrada dos cursos de formação de comunicadores. As leituras ideológicas, conteudísticas, de inspiração marxista e até mesmo estruturalista (Althusser) dos produtos dos meios de comunicação de massa eram largamente difundidas. Contrariamente, pregava-se nos cursos a formação "prática" do profissional, na linha "TV-laboratório", "rádio-laboratório" etc. O que acontecia era que, com conteúdos diversos, reproduzíamos e aprendíamos a "trabalhar tecnicamente" nos meios de comunicação.

Hoje, ainda que eu não pretenda esgotar aqui esta discussão (por sinal, podem-se propor novos debates), entendo que o método interdisciplinar, próprio da natureza da comunicação e, neste caso, especificamente, da comunicação eletrônica, é a alternativa para a formação de profissionais de comunicação capazes de compreender os processos técnicos, ideológicos e estéticos da mídia, que possam não só reproduzir com novos conteúdos, mas também produzir novas formas.

A disciplina Comunicação Comparada I, que ministro no 1.º ano da Faculdade de Publicidade e Propaganda da Universidade Paulista (Unip), tem apontado algumas pistas muito interessantes para essa discussão.

Como objetivo geral, meu programa visa abordar criticamente a questão da capacidade humana de produzir sentido, contextualizando histórica, econômica e politicamente o desenvolvimento dessa capacidade, expressa em diferentes formas de comunicação.

Inicio o conteúdo programático colocando que, desde os primeiros sintomas de inteligência, quando uma pedra deixou de ser pedra para se transformar num machado ou numa clave, desde que um carvão deixou de ser um carvão para vir a ser um pincel e uma parede de caverna passou a servir de tela, a aventura civilizatória tem sido inscrita na aventura de *codificar* a natureza.

Tão radical foi a descoberta e o aperfeiçoamento da capacidade de codificar a visualidade, a sonoridade ou a gestualidade que a história propriamente dita só começou a ser "escrita" a partir do momento em que se pôde "inscrevê-la" organizadamente enquanto linguagens, ou melhor, em signos de cultura.

O mundo deixou de ser o mesmo quando se percebeu que, embutido num código e objetivado em signos de cultura, presentificado em utensílios, ferramentas, teorias, instituições sociais, numa palavra, em cosmovisão, um determinado conjunto de crenças historicamente situado determina um tipo característico de organização social da produção material e das relações sociais de produção.

Percebeu-se que o século XVIII fertilizou a crença de que, finalmente, a inteligência humana havia, definitivamente, dominado a natureza. Como conseqüência, a natureza "natural", edificada através de todos os períodos da evolução, passou a ser maciçamente humanizada, tomando a feição de uma "neonatura", isto é, uma natureza paralela constituída por uma teia hipercomplexa de relações de signos de cultura codificados em linguagens artificiais.

A Revolução Industrial não só criou um novo tipo de homem como também passou a criar um novo tipo de natureza, baseado numa relação dialógica entre o homem e a máquina, entre a inteligência "humana" e a inteligência "artificial".

Nessa altura já vão passadas seis semanas e as discussões em classe, minimamente, contextualizaram a gênese e o desenvolvimento dos processos de comunicação e as bases epistemológicas em que foram arquitetados.

Concluo essa parte do programa discorrendo sobre o vigor intelectual patrocinado pela superação do paradigma mecanicista pelo paradigma relativista, que, de um lado, desencadeou uma nova revolução tecnológica, sobrepujando a idéia de máquinas mecânicas, inaugurando a idéia de máquinas eletroeletrônicas e, de outro, reorientou a própria produção de idéias no sentido de a departamentalização e a ultra-especialização do conhecimento cederem espaço para uma visão mais interdisciplinar.

Na oitava semana passo a discutir os meus objetivos específicos, ou seja: a organização da "indústria cultural" enquanto indústria capitalista, sua ideologia expressa na manipulação de um universo simbólico característico. A partir daí, então, procuramos discutir o modo específico de produção de sentido dos principais veículos de comunicação de massa.

Desenvolvo todos aqueles lugares-comuns acerca da manipulação ideológica, do domínio de classe, da formação de consciência e opinião, habilmente estruturados por várias correntes de pensamento, desde Adorno, que cunhou o termo "indústria cultural", e outros teóricos da Escola de Frankfurt, passando por Althusser e seus "aparelhos ideológicos do Estado", aos modernos Umberto Eco e McLuhan. Deste último e sua bombástica frase de efeito "O meio é a mensagem" extraio a espinha dorsal de minha crítica, trilhando, a bem da verdade, caminhos bastante diferentes dos dele.

Para McLuhan, a presença física dos meios de comunicação tem alterado o comportamento social, servindo como extensões dos sentidos humanos. Assim, o veículo se transforma na mensagem, independentemente dos conteúdos veiculados.

Sem discordar disso, para mim a melhor mensagem que a mídia produz é a sua própria estrutura e modo de produção de saber, organizados em equipes interdisciplinares, executando um trabalho desigual e combinado, nos moldes da linha de montagem capitalista. É no trabalho de equipes que está o germe de uma nova e revolucionária forma de produzir *saberes*, rompendo com a fragmentaridade e especialização do conhecimento, apontando para a superação das contradições entre teoria e prática, ciência e arte, autor e executor, ou mesmo cultura erudita e cultura popular.

Ainda que sujeito às amarras da visão burguesa, despontando como emergente, fruto das próprias contradições do sistema que o engendrou, o trabalho em equipes inaugura uma *cultura dialogal* em que o saber de uns é somado ao saber de outros para que se possa executar uma única peça.

Nesse ponto do programa resgato aquela velha citação marxista que diz que um modo de produção não é superado antes que tenha desenvolvido no seu interior as condições necessárias para a sua superação. É da linha de produção "mecânica" que nasce o trabalho em equipes "relativizado", intracomunicante.

Tomando como exemplo a confecção de uma peça televisual, a equipe ocupada com o roteiro interage com a equipe que cuida da iluminação. Esta, por sua vez, dialoga com as equipes de cenários e figurinos, que se inter-relacionam diretamente com a equipe que compõe o elenco e assim por diante, numa harmonia cujo objetivo último é compor uma peça cultural holisticamente acabada, numa obra poliassinada a quatrocentas mãos.

Aqui pode-se abrir uma discussão riquíssima sobre o direito de autoria e a propriedade privada das idéias. De quem é a autoria num trabalho coletivo? Do diretor que desenhou a cena ou do *cameraman* que a registrou eletronicamente? É do iluminador que, segundo seus padrões estéticos, alumia os objetos ou do editor, que seleciona e monta as partes gravadas para dar a finalização e o acabamento à peça? Ou será do ator que reinventou a personagem proposta pelo roteirista? Ou será que vale a pena garantir a propriedade privada quando, na prática, ela está socialmente diluída? Ao fim e ao cabo, todos sabemos que a obra pertence ao patrocinador econômico. Essa lacuna aberta no modo de produção de saber, porém, vem acirrando as contradições do sistema como um todo.

Voltando à questão da interdisciplinaridade. Para que se projete um cenário, é indispensável ter conhecimentos sobre arquitetura, resistência dos materiais, história das artes, marcenaria e outras tantas disciplinas afins. Por sua vez, a equipe de iluminação deverá deter conhecimentos sobre física, como eletricidade, óptica e assim por diante. Enfim, uma peça televisual, por mais simples que seja, exige uma multiplicidade de conhecimentos das mais diferentes áreas. Por outro lado, por mais ingênua que possa parecer, uma peça televisual guarda em si todos os indícios da cultura que lhe incitou existência, discorrendo, indiscutivelmente, sobre contextualizações históricas, geográficas, tecnocientíficas, filosóficas, sociológicas, políticas, artísticas, possibilitando múltiplas "leituras" pelos mais variados ângulos de abordagem.

A diversidade de enfoques e as imbricadas questões epistemológicas que se inauguram com a manipulação da imagem eletrônica se insinuam por padrões e balizas culturais ainda por serem apreendidas, discutidas e arquiteturadas. Esta diversidade, no entanto, fornece-nos algumas pistas. Primeiro, uma obra televisual não poderia existir sem que se revisse o modo de produção baseado na linha de montagem, assentando esse novo modo numa idéia de equipes interdisciplinares. Segundo, o modo de produção televisual produz um saber estético, um saber ético e um saber logicamente organizados em frontal contradição com o modo de produção do saber escolarizado. Terceiro, a tevê, por ser um meio híbrido, polissígnico, tecido de forças de múltiplas técnicas de linguagens, estabelece um diálogo com o contexto cultural mais extenso, cultivando novos hábitos perceptivos e novos padrões psicossociológicos.

Decorridas doze semanas de discussões, passamos à parte mais importante, ao coração do programa: a produção de significação nos meios tecnológicos de linguagem.

Apoiado na Semiótica, começo a destrinchar a interdisciplinaridade da televisão pelas suas vertentes constitutivas enquanto linguagem.

Passo a abordar o rádio como vertente da linguagem sonora, o cinema da linguagem visual e a imprensa da linguagem verbal, amalgamadas naquilo que batizei como *linguagem interdisciplinar*: o simultâneo e ininterrupto fluxo de informação televisual.

Achar um ponto comum entre esses diferentes veículos de comunicação, algo que os ponha em diálogo, apesar de suas matrizes diversas, não é das mais fáceis tarefas, constituindo-se numa fascinante aventura de abstração lógica.

Existe, sim, uma igualdade na aparente diversidade. É o fato de todos eles estarem organizados segundo uma lógica mais geral, estarem articulados enquanto linguagem, trabalharem com uma codificação, verbal, visual ou sonora capaz de criar algum sentido simbólico.

Aprofundando essa discussão, intuo que a linguagem interdisciplinar ocupa um ponto de convergência numa relação, de um lado ela é determinada por um objeto, por uma realidade que ela representa e de outro tem o poder de determinar e desencadear uma série de interpretações possíveis. Portanto, ela se constitui numa regra de ação, num universo de forças que atuarão sobre o intérprete, em que suas leis formais de organização, operando como sistema, determinam um tipo característico de recepção e decodificação, diferente da recepção letrada.

Mas é fundamental que se perceba que qualquer código é incompleto, isto é, representa parcialmente o seu objeto. Justamente porque representa somente algumas características do seu objeto, ele funciona como codificação. Se o código pudesse representar todas as características do objeto, ele não seria uma codificação: seria o próprio objeto. Daí que, para se constituir uma linguagem interdisciplinar, é preciso a interagência com outras linguagens, para alargar a compreensão da realidade que intenta representar, determinando, inexoravelmente, um processo de crescimento em complexidade.

Todo esse processo de codificação altamente complexo, por sua vez, está inscrito na mais moderna de todas as "telas" da história: a tela eletrônica.

Cada nova linguagem que se inventa necessita de um novo veículo que lhe dê suporte material. Como se não bastasse todo o tratamento estético dispensado à peça televisual, a tela eletrônica da tevê se constitui na sua mais expressiva e sedutora atração. Nela, a luz transborda da sua superfície e sai colorida, num jorro de luz/cor elétrica, incidindo diretamente no seu espectador, que é seu anteparo, estabelecendo uma conexão física com ele, em que os feixes de elétrons, transbordados da tela, penetram o sujeito, contatando o seu cérebro num mesmo registro: pulso elétrico significante.

Já vão transcorridas dezesseis semanas e as discussões parecem cada vez mais férteis...

Não há mais tempo. É chegada a vez de os alunos, organizados em grupos, apresentarem, em forma de seminários, pelas duas últimas semanas, suas peças produzidas durante o semestre letivo e por mim assessorados em particular.

Conforme o combinado no início, usando uma paráfrase de Peirce*, aviso que "não há nada mais prático do que uma boa teoria" e, em contrapartida, nada mais teórico do que uma prática consciente. A execução de trabalhos de final de curso é uma questão de coerência.

Apesar da exigüidade de tempo, da precariedade infra-estrutural e da complexidade teórica, além das dificuldades a serem vencidas no processo de manipulação de linguagens eletrônicas, os seminários conseguem antigir os nossos objetivos.

De um modo geral, como era de se esperar, a qualidade dos trabalhos deixa a desejar. Porém, o exercício de superar as minhas limitações, dando conta de um programa tão ambicioso, lutando com os alunos, que também lutam pela superação de suas dificuldades na práxis do saber-fazer, já é motivo suficiente para regozijo.

Concluídos os trabalhos, fica muito claro que o espaço acadêmico, tal como está articulado, não oferece condições mínimas para sediar (e ceder a) uma prática interdisciplinar.

Por outro lado, vendo o entusiasmo e o sentimento de estar-à-vontade que a maioria dos alunos apresenta quando convidada a produzir linguagens eletrônicas, mesmo num espaço amordaçante, ponho-me a sonhar uma maneira mais lúdica de interagir conhecimento dentro de uma nova concepção de escola.

Nesse ponto não temo revelar-me sonhador. Alguém (não me lembro se vivo ou livro), um dia qualquer, me afirmou que o sonho pertence à loucura, à ciência, à arte e ao sono. Resta saber em qual destas categorias o meu presente se encontra...

---

* Do lógico norte-americano Charles Sanders Peirce (1839-1914), significativo pensador que formulou, dentro de rigoroso espírito científico, os conceitos da Semiótica.

13.

Da saia pregueada e da calça Lee: construindo a representação interdisciplinar

Mercedes A. Berardi

As lembranças da Escola Normal (anos 64 a 66) ora se mesclam entre os momentos de colóquios entre as colegas do colégio de irmãs de caridade em que estudei, a descontração dos papos de juventude, os rostos mais queridos de colegas e alguns professores, das carteiras de sala de aula e as primeiras experiências, posicionando-me na frente da classe, galgando em meus primeiros passos o "tablado do professor".

Sentimentos conflitantes me dominavam naquele momento: de orgulho (enquanto normalista), de insegurança, de receio ou expectativa. Pois, precisava também representar um "novo papel" frente à classe com crianças, nos estágios, sob os olhos atentos da nossa professora de Metodologia e das colegas, que assistiam silenciosas, pelos cantos da sala, ao desfecho final de toda uma aula pré-planejada no papel, cujos passos ou procedimentos deveriam ser rigidamente cumpridos nesse momento.

No entanto, no que se refere aos "objetivos a serem cumpridos", eu não tinha clareza, no sentido de até que ponto eu deveria distanciar-me (ou não?) das crianças, de envolver-me (ou não?) nos afetos infantis, porque, a partir da própria observação da conduta de meus professores em sala de aula, eu percebia que alguns se mantinham inatingíveis, à distância; passavam as suas mensagens em inquestionável oratória e saíam. Descobrir algo sobre as suas vidas era fato inédito, geralmente comentado em sussurros pelos corredores da escola. Outros tinham atitudes menos formais e distantes, já ao adentrarem em sala de aula. Para estes, o importante era o "indivíduo", suas reações e posturas nos pequenos grupos, algo para ser naturalmente observado; quando não, a freqüência dos seus atos para serem considerados com cuidado. Outros, ainda, preconizavam principalmente o consenso geral, o coletivo. Era preciso adaptar o "homem à sociedade", porque a vida (social) é condição social e "disciplinar" de todo o pensamento organizado.

Nesse universo, cabia a cada uma de nós, normalistas, termos "jogo de cintura" ou perspicácia suficiente para nos adaptarmos aos diferentes enfoques ou "critérios didáticos", porque por trás de tudo isso estava também em jogo a nossa própria avaliação.

A leitura foi um dos hábitos que adquiri desde a infância. Lia tudo o que me caía em mãos ou o que as bibliotecas municipal e caseira me permitiam alcançar. Meus pais acompanhavam agora, extasiados, minha busca de uma leitura mais especializada. Morávamos no interior do Paraná, mas o regresso do meu pai, de São Paulo — cujas viagens eram com o intuito de despachar café — era esperado com grandes expectativas, já que da sua mala floresciam livros indicados pelos professores: Descartes, Kant, Rousseau, Pestallozzi, Claparède, Dewey, Decroly, Freinet...[1] E do debate das "falas" desses autores à descoberta de que muitos deles, tentando interpretar o seu mundo, propunham diferentes caminhos para "reorganizá-lo".

No entanto, essas falas soavam-nos distantes, um tanto incompreendidas, quando não, pareciam-nos utopias, já que estávamos ocupadas no momento em confeccionar cartazes ou outros materiais atraentes que servissem para motivar a aula, como um dos procedimentos *a priori* para adentrarmos em sala de aula. Mas a confecção de tais trabalhos foi valiosa para a avaliação dos colegas "menos favorecidos", agora que o trabalho em grupo estava instituído.

Com o passar do tempo é que fui percebendo que o que me faltava era maturidade suficiente para estabelecer com esses autores lidos os vínculos necessários de criticidade e de comunicação, na

---

1. Ao mestre, frei Mansueto, um dos fundadores do Colégio Franciscano em Uraí, PR, nosso professor "bem-sucedido": formado em Roma em Filosofia, marcou a nossa formação, introduzindo-nos aos primeiros passos em Filosofia.

medida em que nem sempre eu percebia que no interior daquelas "falas" existia toda uma apreensão do mundo concreto desses autores, da sua historicidade, circunscrita em uma determinada época. Isto é, nossas discussões em sala de aula ficavam em nível de "reprodução passiva" de um determinado dado, sem que se estabelecessem os vínculos necessários de comunicabilidade das situações vividas e interpretadas aos significados existentes na construção da nossa própria cultura e sociedade.

Com essas questões mal trabalhadas conscientemente, encaminho-me para o 3.º grau, o curso de Pedagogia (anos 67-70). Aparentemente, a mudança foi total em minha vida. A voz paternal foi mais forte, incentivando-me para cursá-lo em São Paulo, já que a nossa faculdade no interior, mesmo funcionando há oito anos, ainda não estava sequer reconhecida oficialmente. A mudança para uma cidade grande, no início, me fascinava. E essa mudança se fez presente também na indumentária. Da tradicional saia azul-marinho pregueada e blusa branca com gravata nas ocasiões festivas para o uso da calça Lee e desbotada.

Nesse período, as reformas já se faziam presentes em todos os níveis de escolaridade.

Meu tempo era todo tomado, ora ministrando aulas, em cursos noturnos de 2.º grau, ora freqüentando durante o dia o curso de Pedagogia, em cujas aulas discutiam-se conceitos contidos em tratados de filosofia, teorias da personalidade e/ou do aprendizado, assuntos que variavam do evolucionismo à psicodinâmica, do behaviorismo à geração espontânea. E cujas vias de contribuições se fizeram comprometidas, na medida em que as nossas aulas, como os nossos estágios, eram, não raro, interrompidos para "refletirmos e discutirmos" o nosso momento histórico (momentos vividos na Faculdade de Filosofia, Ciências e Letras Sedes Sapientiae, PUC, São Paulo).

Se antes as disputas eram nas quadras de desportos nos jogos acadêmicos entre universidades, víamo-nos agora envolvidas em disputas mais acirradas na (rua) Maria Antônia (nas imediações do Sedes Sapientiae), embaladas por jargões ou músicas de protesto.

Confesso que esses momentos vividos me fizeram questionar muito a profissão escolhida. A apreensão de meus pais era sentida e participada pelos telefonemas constantes vindos do interior. Nas universidades, a substituição um tanto inexplicada de alguns professores, a preocupação estampada no rosto dos que continuavam o seu trabalho, sob muitas reticências... Os nossos passos, pelos portões ou adjacências da faculdade, eram vigiados por militares, muitos deles jovens como nós, que ora nos olhavam interessados ou apreensivos, mas não pareciam muito passivos. E eu me questionava sobre os determinantes da sua filosofia (! ?).

Sem grandes festas, finalmente a formatura. Guardo o diploma numa gaveta, tento esquecê-lo, adentrando-me no mundo das falas empresariais. De datilógrafa a tradutora-intérprete, mesmo até executiva, um novo recomeçar. Mas faltava o envolvimento. A voz da impessoalidade era matriz e, nas filiais, seguíamos a filosofia dos outros. A calça Lee retomada, apenas na descontração dos domingos, sendo agora substituída por meias de náilon, saltos altos e *tailleurs,* determinantes de um ritual vazio, no decorrer das semanas e alguns anos.

No entanto, eu sempre acompanhava com profundo interesse as reformas que ainda se seguiam, as falas efusivas de alguns ministros e secretários da Educação, pelos meios de comunicação. Eu via, com apreensão, textos clássicos sendo publicados no *Estadão.*

Retorno, finalmente, à sala de aula, numa escola particular de 1.º e 2.º graus (1976), no momento em que esta se vê envolvida a aderir ao convívio "salutar" dos sexos. Essa volta à sala de aula poderia talvez significar um resgate da minha própria identidade como profissional da educação, plantada mas perdida.

E com muita dedicação, como se quisesse recuperar o tempo perdido, retomo os meus estudos com a atenção voltada inteiramente às novas metodologias de aprendizado, das crianças das séries iniciais.

Muitas eram as informações que adentravam o nosso cotidiano, que variavam do método global ao silábico, do analítico ao sintético, além do Projeto Alfa. Ocupo-me com fervor da elaboração de apostilas — como uma das exigências do trabalho do professor — que, complementando os vários livros-textos (e estes baseados nas propostas dos guias curriculares da política educacional pós-71), formavam todo um manancial de exercícios e atividades a serem trabalhados em sala de aula. Mas não era sem surpresa que registrávamos os fracassos, apesar das "aulas de recuperação", atividades extraclasses, mantidas pela instituição, aos alunos considerados "com dificuldades".

E, desse ambiente, o passo seguinte foi aceitar o convite de uma diretora que me integrou ao corpo docente de uma escola municipal, nas adjacências da minha casa (1979).

Não passou muito tempo para que eu percebesse que aí estava um verdadeiro desafio. Fui percebendo que a integração ao corpo docente estava apenas representada no papel.

A escola agora, mais "democrática", atendia a um fluxo ininterrupto de alunos e de professores. Estes, em sua maioria, assumiam outros períodos de trabalho, além dos assumidos em nossa unidade. Nossos contatos eram mantidos por encontros fortuitos e apressados pelos corredores, quando não no recreio, na hora do cafezinho.

Embora reuniões pedagógicas bimestrais fossem marcadas previamente, no início de cada ano letivo, os problemas mais discutidos eram quase sempre os mesmos. Giravam em torno da questão da "disciplina" do aluno que, "malcomportado", prejudicava o andamento da aula ou do seu rendimento escolar. E o resto do tempo da reunião era dedicado ao preenchimento de *tarjetas*[2], cuja sistemática e organização de seus índices não diferiam das do ano anterior, já que, para elaborá-las, consultavam-se livros-textos (e programas) que, apesar de cada vez mais atraentes, mantinham fundamentalmente a mesma sistemática. E serviam quase como fontes exclusivas de investigação do trabalho a ser realizado em sala de aula.

No que se refere às disciplinas do currículo, a nossa atenção agora se concentrava especialmente no ensino de Língua Portuguesa e de Matemática. Através do desempenho do aluno em relação a estas disciplinas específicas, geralmente estabeleciam-se na escola os parâmetros da sua avaliação escolar. E, no decorrer dos anos letivos vividos nessa unidade, pude constatar as dificuldades da maioria dos alunos em atingir um bom desempenho nessas disciplinas, no percurso da sua escolaridade.

---

2. *Tarjetas:* formulários distribuídos aos professores em reuniões pedagógicas, cujos referenciais se direcionavam a questões sucintas, quanto aos objetivos e conteúdos que os mesmos pretendiam desenvolver no bimestre seguinte, além de uma justificação ou uma avaliação do bimestre decorrido.

Essa situação acabava por envolver a todos: professores, coordenadores, alunos e pais, num clima de ansiedade e expectativas. E, por mais que me propusesse a complementar as aulas com novos exercícios e atividades e dispor do tempo necessário para conferir seus resultados, eu sentia, no entanto, que meus esforços eram em vão. Esta expectativa envolvia principalmente os pais, quando o clima era de descrédito quanto às possibilidades de seus filhos, porque poucos podiam acompanhar os seus estudos, já que desconheciam o universo de conteúdos exigidos pela escola.

Preocupada com essa problemática, várias vezes me dispus a freqüentar cursos de extensão, de especialização ou de reciclagem. Mas, para isto, enfrentava outras dificuldades. Primeiramente, no que se referia ao meu próprio afastamento da sala de aula: nem sempre era possível contar com a disponibilidade de professores para me substituírem. Além disso, sentia que meu próprio trabalho ficava comprometido, na medida em que não tinha com quem discutir minhas idéias, a partir da análise e confronto das novas teorias propostas pelos cursos, com a minha realidade cotidiana.

Mas foi freqüentando um desses cursos que me aproximei de Solange[3], uma das professoras da minha unidade escolar que, como eu, assumia uma das 3.as séries de 1.º grau.

De nossas conversas, a constatação de que as nossas histórias de vida tinham alguns aspectos em comum. Vinda do interior, viveu os momentos de repressão na USP, onde formou-se em Pedagogia. Participava ativamente de associações, encontros, congressos, movimentos reivindicatórios, desde então.[4] Professora bastante experiente, já tinha trabalhado, em momentos anteriores, como orientadora educacional e assistente de direção. Mas optou pelo retorno à sala de aula, pois sentia que lá era o "seu lugar". E entre os alunos, constatei, ela exercia um carisma especial, eu diria, bastante envolvente.

Ambas sentíamos que vivíamos situações de uma problemática bastante complexa no ambiente escolar. E desses contatos, que inicialmente eram mantidos apenas por trocas de livros ou artigos

---

3. Por razões éticas, atribuo um nome fictício a essa professora.

4. Solange também fez cursos de especializações em Psicologia e Pedagogia, e outros, como, Psicomotricidade, Teatro em Educação, Técnicas de Redação, Grafoanálise.

mais recentemente publicados, resolvemos romper com as amarras preestabelecidas em relação à nossa prática pedagógica e trabalhar "um outro currículo". Havia momentos que trabalhávamos principalmente com os alunos considerados "difíceis", em períodos extra-classes, em pequenos grupos. Partindo da exploração de suas "falas", introduzíamos leituras que mais lhes interessavam. Esses alunos eram motivados a escrever histórias, relatar depoimentos, descrever situações vividas, utilizando-se de palavras que viam e ouviam dizer. Desenhavam, expressando as suas impressões sobre situações diversas, porque o desenho criativo é uma linguagem bastante familiar à criança. E deles conseguimos afastar, naquele ano, o fantasma da reprovação.

Hoje percebo que esse trabalho foi mais regido pela intuição, porque, além de não termos, na ocasião, uma compreensão filosófica e histórica mais amadurecida da nossa própria situação e postura pedagógica, não percebemos que o que realmente tinha mudado era a nossa própria *atitude* em nossa representação, como profissionais da educação, de assumirmos juntas a problemática do aluno, ouvindo-o, trocando impressões com ele, conduzindo-o a uma apropriação mais dinâmica e concreta do saber, desde que partíamos da exploração de situações de vida, do seu interesse e nossa imaginação.

Com o passar do tempo, fui cada vez mais constatando — e as investigações teóricas me permitiram avançar neste caminhar — que, por trás dos rótulos, dos erros cometidos, muitas vezes existem outros problemas não-resolvidos na prática pedagógica, sejam de ordem vivencial, emocional ou pedagógica, que nem sempre são percebidos ou considerados pelo professor (porque os próprios cursos de formação no geral, não oferecem subsídios para percebê-los). Muitas vezes não são sequer levados em conta, na medida em que exigem uma reflexão do quanto esses problemas podem interferir em sua prática de sala de aula, quando permanecem em um trabalho baseado em programas de uma "linguagem morta".

Nosso trabalho foi, no entanto, interrompido no ano seguinte (1984). Solange foi transferida para uma outra escola, na zona sul de São Paulo, e eu assumi como efetiva, por expressão de uma linguagem "por contagem de pontos", uma classe em Campo Limpo, onde exerci também, pelo período de um ano, o cargo de coordenadora pedagógica.

Convivendo assiduamente com vários professores, com mais ou menos tempo de experiência de sala de aula, advindos agora de diferentes cursos, na maioria de curta duração, a busca de uma fundamentação histórica e filosófica se fez mais premente, porque em muitos momentos senti que vivíamos, nesse ambiente, uma situação de verdadeira "incomunicabilidade de consciências".

Ingresso no pós-graduação em Supervisão e Currículo na PUC-SP. Cumpro, ansiosamente, crédito por crédito, a cada semestre invadindo uma prolixidade de informações. Enfim, transformome bem naquele termo *barata de biblioteca*.

No início, porém, não me sentia em condições nem para uma auto-avaliação desse processo nem para tentar empreender uma auto-organização, atitudes necessárias para a estruturação metodológica de um trabalho monográfico, mesmo pressionada pelos aportes simpáticos de alguns professores, "escrever ou morrer!".

Hoje, mais amadurecida nesse processo, atrevo-me a fazê-lo. Confrontando as minhas investigações empreendidas em meu caminhar acadêmico com o estudo das questões da *interdisciplinaridade* e as experiências vividas até aqui, posso dizer que tenho mais clareza das influências que a racionalidade técnica e funcionalista têm procurado sedimentar no contexto escolar de 1.º grau.

Esse posicionamento histórico tem direcionado a escola no sentido de uma perda da sua própria identidade, enquanto instituição problematizante e socializadora. O próprio trabalho do professor, a sua representação em sala de aula, fica, assim, limitado, em muitas situações, a uma reprodução passiva de um determinado dado, perdendo-se no vazio a identidade e autenticidade do ser-professor.

Convivendo com as questões da interdisciplinaridade neste últimos anos fui percebendo que, dessa busca histórica e filosófica, abriam-se caminhos de compreensão da minha própria postura pedagógica no contexto das séries iniciais e induziam-me a continuar procurando e ousando algo novo, a partir do questionamento dos fatos vividos.

Novas perspectivas se abriram também no campo de investigações teóricas, que me permitiu, inclusive, consolidar hoje meu projeto, estabelecendo de início os primeiros indicadores que fundamentassem o meu trabalho: a totalidade[5] vivida do contexto escolar, a representação dos professores, a questão da identidade e a linguagem. Esse processo se consolidou, tomou vida, através do resgate de minha própria história, do relato de minhas experiências, situando-me na História maior.

Esse processo foi importante e necessário ao meu trabalho porque me permitiram não só olhar o universo didático como um todo, mas, fundamentalmente, compreender que somente a partir da autopercepção e da busca de conhecimento é possível avaliar a amplitude dos entraves à execução do processo educacional, para mais bem estudá-lo e defini-lo.

Mas o entendimento dessas questões exigiu também um processo de amadurecimento da minha parte. Empenhada em entender a "lógica do trabalho do professor", predispus-me a acompanhar os passos da minha orientadora, prof. Ivani C. A. Fazenda, nos trabalhos que vem realizando, do curso de graduação ao pós, nos quais foi possível viver (e, para mim, rever) todo um processo de educação do educador.

Nesse processo foram-se abrindo, a cada um de seus alunos-mestres, caminhos de pesquisas a serem percorridos, através das evidências, das falas ou relatos de suas práticas. E cada uma das falas ia passando pelo crivo do grupo (seja em classes de graduação ou pós). Nessa apropriação — da vivência de si e do outro — o grupo ia passando da conquista de uma identidade individual para uma identidade coletiva, ao mesmo tempo que tomávamos também consciência dos problemas mais emergentes do pré ao pós.

Sempre preocupada em socializar tais experiências, porque apreender a representação dos professores é também apreender a expressão social de suas vidas, vi muitos desses alunos-mestres, incentivados pela condutora do processo, assumirem o seu universo didático num novo caminhar histórico de reconstrução da sua realidade. Conquistando inclusive um novo espaço, transformando-se em autores, relatando suas experiências, suas conquistas, soltando, enfim, suas "penas", espaço este que, num passado não muito remoto, era fundamentalmente destinado a ortodoxias.

---

5. Para Kosik (1976), a totalidade não significa todos os fatos, mas um todo estruturado e dialético no qual um fato qualquer (ou um conjunto de fatos) pode vir a ser racionalmente compreendido.

Para mim esse caminhar se caracterizou por um verdadeiro processo de metamorfose, porque, de início, trabalhávamos num clima de muita instabilidade, inclusive emocional, quando requisitadas a pôr no papel nossas experiências e investigações, para uma forma mais estável, em que era premente o profundo desejo de realizar o melhor de cada um e do grupo, doravante também em suas práticas de vida e trabalho.

Rever esse processo representou para mim a compreensão de que, para transformar, reconstruir, produzir novos conhecimentos na escola, é necessário a transformação do indivíduo, no caso do professor, em si mesmo, vivendo a linguagem da comunicação. Linguagem que nos permite ver o outro como a nós mesmos, não mais como reprodutores de "histórias alheias" em nosso trabalho cotidiano, mas produtores da nossa história, quando comprometidos com a própria História.

Expressar-se, dialogar, transformar, trocar, reconstruir são palavras vazias, sem sentido, se nós mesmos não nos predispusermos a vivê-las com o outro, em nosso trabalho cotidiano.

Assim, procurando viver a interdisciplinaridade no cotidiano escolar, retomo, num segundo momento para o trabalho de dissertação, a sala de aula de Solange. Com ela e seu grupo de alunos tento estabelecer relações intersubjetivas,[6] confrontando as nossas experiências de vida, trocando informações, no intuito de organizar um novo projeto de trabalho, numa ação conjunta.

Trocamos muitas idéias a cada novo passo para a realização desse projeto, que mais se caracteriza por um momento vivido do que por algo fechado em formalismos. Mas, desse momento vivido, pudemos abstrair que a interdisciplinaridade não é um modismo que vai "resolver o mundo", mas é uma possibilidade, quando refletida, pensada, envolvente, investigada em conjunto e intuída em muitos momentos. Assumi-la, vivê-la em sala de aula, requer de nossa parte o compromisso profissional de assumirmos uma única *atitude:* uma atitude coerente no trato dos diferentes aspectos do

6. Por *intersubjetividade* compreende-se o ultrapassar de um estágio subjetivo, em que as limitações são camufladas, a um estágio compreensivo, em que se passa a aceitar e incorporar as experiências dos outros, a ver na experiência do outro, com a complementação de sua própria (Fazenda, 1979).

conhecimento, das significações existentes em nossa cultura, desde que inter-relacionados com a crítica vivenciada do agora. Essa atitude requer também a superação de algumas barreiras não só pessoais — considerando-se nossas limitações e possibilidades como também no que se refere aos blocos instituídos de um "ensino por disciplinas".[7]

Retomando a minha caminhada de forma analítica, em busca de uma compreensão em síntese da representação dos professores e da totalidade de significados que percebi existir no cotidiano escolar das séries iniciais e da minha identidade enquanto profissional da educação, compreendi que: apreender as representações dos professores como sujeitos históricos é compreender os significados que conferem a uma determinada situação, é apreender o *sentido* que atribuem e são motivados a interferir, em suas ações ou *atitudes,* numa dada situação, que estejam ou não de acordo com os referenciais que adquiriram em estudos acadêmicos, nos cursos de formação, sem afastar as determinações sociais que os direcionam e, de certa forma, justificam, em sua práxis social, um agir individual sobre elas, conservando-as ou transformando-as.

Compreender as representações dos professores no cotidiano escolar é também apreender a expressão social de suas vidas, no sentido de que a representação é sempre social. Ela representa algo para alguém, ainda que caiba ao sujeito trabalhar esse conjunto de idéias de acordo com as suas possibilidades, dentro da sua própria evolução histórica.

Gusdorf (1970) nos sugere que o sujeito singular tem um modo de apreender o significado desse todo social e, assim sendo, a sua "subjetividade vai-se constituindo na *mediação,* que se configura como um modo peculiar de apropriar, reelaborar e praticar as idéias dentro de determinadas condições reais de vida". E a representação seria, pois, a mediadora do movimento de construção do subjetivo em confronto com o objetivo da totalidade social.

Nesse sentido, as representações que os professores das séries iniciais têm de si mesmos, da escola, da sociedade, serão media-

7. Para Fazenda, "mais importante que a modificação na estrutura curricular, faz-se necessária uma *modificação nas pessoas,* ou seja, uma abertura na forma de conceber a educação e compreender a cultura" (p. 91, 1979).

ções possíveis entre o trabalho de investigação e o desvelamento do próprio real, ou seja, das suas reais condições históricas. É nesse jogo dialético que todos os conceitos entram em movimentos recíprocos e se elucidam mutuamente, possibilitando o desvelamento da sua própria identidade existencial e do que se esconde por trás da simbologia das representações. Esta é a lógica interdisciplinar que tento registrar em meu trabalho, do convívio com os professores das séries iniciais do 1.º grau.

Referências bibliográficas

CIAMPA, A. C. *A Estória do Severino e a História da Severina — Um Ensino de Psicologia Social.* São Paulo, Brasiliense, 1987.

FAZENDA, Ivani C. A. *Integração e Interdisciplinaridade no Ensino Brasileiro — Efetividade ou Ideologia.* São Paulo, Loyola, 1979.

———. *Educação no Brasil Anos 60 — O Pacto do Silêncio.* São Paulo, Loyola, 1985, Coleção Educar, 2.

———. "Levantando a Questão da Interdisciplinaridade no Ensino", in revista *Educação e Sociedade,* n.º 27, São Paulo, Cortez/Cedes, set. de 1987.

GUSDORF, G. *A Fala.* Trad. de João Morais Barbosa. Porto, Despertar, 1970.

———. *Professores Para Quê?,* trad. de J. Bernard da Costa. Santos, SP, Livraria Martins Fontes Ed., s.d.

LANE, S. T. e CODO, W. (org.). *Psicologia Social — O Homem em Movimento.* São Paulo, Brasiliense, 1985.

LELIS, Isabel A. O. M. *A Formação do Professor Para a Escola Básica: da Denúncia ao Anúncio de Uma Nova Prática.* PUC-RJ. Dissertação de Mestrado, 1983.

MEDIANO, Zélia et alii. *Revitalização da Escola Normal,* relatório parcial. PUC-RJ, Departamento de Educação, 1986, xerox.

14.

O trabalho docente como síntese interdisciplinar

Ivani C. A. Fazenda

Nossa dissertação sobre a quèstão proposta procurará levantar algumas das principais contradições que vimos enfrentando em nosso trabalho docente e em que medida estas têm determinado uma postura pedagógica que se encaminha de uma *prática empírica* à construção de uma nova prática.

Cabe-nos, então, uma primeira reflexão sobre o que entendemos por *trabalho docente.* Consideramos que tal expressão extrapola a simples possibilidade de análise da *categoria trabalho,* pois acreditamos que esta seria uma categoria simples de ser tratada, quando pensamos no *trabalho em geral,* sem determinações, como trabalho simplesmente. Entretanto, na medida em que o trabalho se particulariza, se especializa, como no caso do *trabalho docente,* não podemos mais pensá-lo de uma forma simples, generalizada. Neste sentido, pensar a categoria *trabalho* enquanto *trabalho docente,* apenas teoricamente não é possível, pois este deriva das determinações da prática, sendo necessário partir em sua análise das condições reais em que ele se processa. A abstração necessária à compreensão de tal categoria extrapola, portanto, tanto a verdade teórica quanto a verdade prática, somente sendo possível de análise à luz das condições históricas nas quais ela é vivida.

---

* Trabalho apresentado no V Encontro Nacional de Didática e Prática de Ensino (Endipe), UFMG, Belo Horizonte, outubro de 1989.

Para estudar o trabalho docente tornou-se necessário pesquisar a história da prática docente dos sujeitos, não apenas tentando amarrar os fragmentos da memória, pois a intenção não é simplesmente verificar a cronologia dos fatos, mas tentando compreender as implicações científicas que deram a esse caminhar uma especificidade própria. Procuramos, portanto, recorrer à memória, no sentido de verificar as recorrências, as coincidências, os traços comuns encontrados ao longo dessa história.

Partindo da especificidade do momento presente, encontramos um grupo de alunos que sob a nossa orientação aventura-se a estudar as implicações prático-teóricas que envolvem o exercício de uma *prática pedagógica interdisciplinar.* São alunos do mestrado e doutorado em Educação da PUC-São Paulo (Supervisão e Currículo), que possuem como característica comum o desejo em conhecer um pouco mais as questões da interdisciplinaridade no ensino — tema polêmico e pouco estudado no Brasil.

A disciplina que ministramos há dois anos, intitulada Interdisciplinaridade (e algo mais, como: Prática Pedagógica, Currículo ou Comunicação), tem sido oferecida em caráter optativo, portanto trata-se de disciplina eletiva. Exige um grande número de horas de leitura e interpretação (principalmente devido à complexidade dos textos indicados). Requer a participação dos alunos, não somente nas aulas, mas em grupos paralelos de estudo. Muitas, portanto, são as dificuldades encontradas por eles, o que nos leva a concluir que o grupo continua unido pelo interesse em pesquisar o tema.

Outra característica comum que une os sujeitos desse grupo é a *prática docente efetiva* — todos exercem ou já exerceram a função de professor, muitos deles atualmente no 3.º grau — a grande maioria já trabalhou nos outros graus de ensino.

Partindo dessas características comuns entre os componentes do grupo, decidimos que o caminho mais produtivo para conduzilos à análise das questões que envolvem a *interdisciplinaridade no ensino* seria partir das práticas pedagógicas que mais profundamente marcaram a trajetória profissional de seus integrantes. Essa decisão ou escolha foi precedida da seguinte reflexão: na medida em que estivesse limitando os estudos da interdisciplinaridade apenas ao plano teórico, estaria correndo o risco de cair num subjetivismo ou num idealismo simplista; apesar de entender que o acesso à explicação dos fatos não pode acontecer apenas em seus aspectos sensorial ou perceptivo, mas necessita ser construído pelo pensamento, portanto abstratamente e expresso por meio de conceitos, portanto teoricamente.

Entretanto, foi precisamente por valorizar o pensamento abstrato, por pressupor que a *relação entre os fatos* só pode ser construída num plano superior à aparência imediata dos mesmos, que fomos levados a trabalhar com o grupo, os *fatos* tais como a eles são apresentados, melhor dizendo, iniciamos com os nossos alunos do pós-graduação um trabalho pormenorizado de *observação* e *descrição* do fenômeno pedagógico, tal como ele tem-se apresentado a cada um em sua sala de aula.

Temos constatado que a partir de uma *observação sistemática do fato pedagógico vivido,* seguido do exercício criterioso de descrição pormenorizada do mesmo, nossos alunos começam a ter condição de iniciar uma análise teórica. Essa primeira fase de levantamento das questões empíricas da prática docente vai de certa forma contribuir para uma clarificação dos fatos. Parto, portanto, do pressuposto de que somente quando estes estiverem suficientemente desenvolvidos, compreendidos e explicitados no *real,* é que teremos condições de acesso ao *abstrato,* ao *conceitual,* ao *teórico.*

Outra questão que consideramos relevante no processo de observação e descrição dos fatos é o da simplicidade. Percebemos que ela tem sido determinada por um efetivo exercício do concreto. Dizendo de outra forma, à medida que os nossos alunos vão exercitando-se na *descrição escrita* pormenorizada do fato vivido, que a sua "fluência" sobre o mesmo vai aumentando, a compreensão deste também cresce, e o texto vai se tornando mais claro e simples. A explicação dos fatos se torna mais simples, na medida em que o pesquisador vai apropriando-se do mesmo, simplificando-o.

Nesse sentido, temos observado que, mesmo aquele aluno que tenha sido professor de determinada disciplina, tenha exercido uma função dentro da escola ou do sistema escolar por um grande número de anos, na hora em que lhe é solicitado colocar no papel as questões da sua prática docente, enfrenta dificuldades na descrição da mesma. Verificamos que seu texto inicial é fechado, que existem muitos pontos de indagação ainda quanto à sua prática concreta e que precisa caminhar muito no sentido de ter condições de realizar uma leitura teórica desta.

Entretanto, constatamos que, a partir do exercício sistemático em descrever a prática, surge a necessidade de analisá-la e interpretá-la. Esta necessidade tem sido suprida paralelamente, com a leitura e interpretação de textos sobre as questões da interdisciplinaridade. Neste sentido, o processo de adentrar ao nível da abstração teórica e das generalizações tem-se tornado menos complexo. Percebemos que, à medida inclusive que a descrição se aprimora, o aluno já vai estabelecendo um constante diálogo com a teoria estudada, negando-a ou afirmando-a.

Terminada a descrição, discutidas as implicações teóricas, inicia-se a análise do fato. Tal como a descrição, inicialmente a análise é caótica, indefinida. Aos poucos, o aluno vai tomando consciência da necessidade de organização, vai verificando quais os aspectos que merecem destaque, quais os mais relevantes. A escolha da melhor seqüência, o que privilegiar na análise, o como tornar o *concreto científico* é algo que ocorre gradativamente, no processo de análise.

Nesse processo de análise e interpretação dos fatos, cabe-nos uma reflexão sobre as implicações de pensar o real historicamente; isto pressupõe uma compreensão de que, enquanto histórico, o real abrange diferentes totalidades, que podem inclusive revelar-se contraditórias.

Um dos integrantes do grupo de estudos sobre interdisciplinaridade decidiu descrever a sua prática docente, enquanto professor de EPB (Estudos de Problemas Brasileiros) no curso de Pedagogia, há vários anos. A descrição pormenorizada foi revelando as formas de superação por ele encontradas no embate dos impasses suscitados por tão controvertida disciplina (desde o comprometimento ideológico que determinou a sua criação, ao destino de extinção que a aguarda com a reformulação do curso de Pedagogia). Ao repensar a sua prática docente em sua trajetória histórica, o nosso aluno foi percebendo que seu *fazer pedagógico* diferenciava-se ao longo do processo, foi conseguindo inclusive marcar as etapas, a partir das contradições reveladas, mas sobretudo procurou observar quais as características peculiares que determinaram a identidade do seu trabalho docente. Entretanto, tanto a especificidade quanto as contradições dessa prática só puderam ser analisadas a partir do referencial dos textos analisados no curso sobre interdisciplinaridade.

O caso citado não é um caso isolado, mas tem sido comum aos 22 integrantes desse grupo de estudos. A descrição da tentativa de compreender a prática empírica, redimensionando-a a partir de um substrato teórico consistente, acabou por constituir-se numa coletânea de textos, que aqui apresentamos no sentido de introduzir aspectos teórico-práticos aos que se interessam pelas questões da interdisciplinaridade no ensino.

Essa sistemática de coordenar a elaboração de textos, a partir de cursos que reflitam as contradições da prática empírica e da prática teórica, tem sido uma das especificidades do nosso trabalho docente.

O trabalho que agora realizamos no pós-graduação anteriormente ocorreu com alunos do 3.º ano de Pedagogia (professores de pré-escola) cujo produto (coletânea) foi publicado pela Editora Ática sob o título *Tá Pronto, Seu Lobo: Didática/Prática na Pré-Escola,* 1988, e com alunos do 4.º ano de Pedagogia (ex-alunos do curso de Magistério), intitulado *Uma Casa Chamada Magistério,* ainda não publicado.

Trabalhar com alunos revelou-me a possibilidade da *troca* também com colegas da universidade. Neste sentido, a organização de duas coletâneas, a primeira delas, publicada pelo Cedes/Cortez em 1988, no *Caderno do Cedes* n.º 21 (*Encontros e Desencontros da Didática e da Prática de Ensino*), onde o desafio foi discutir as questões emergentes nas salas de aula de Didática e Prática de Ensino da universidade. A segunda, já publicada pela Editora Cortez, é composta por textos de leitura introdutória no curso sobre Metodologia da Pesquisa Educacional, realizado na PUC-São Paulo — onde os autores (professores do curso que coordenamos) propuseram-se a discutir diferentes enfoques da pesquisa educacional.

Refletindo sobre as contradições do trabalho docente aqui descrito, concluo que o importante tem sido verificar que a razão não é apenas capacidade de pensar, mas é forma de produzir pensamento sistemático mais elaborado, e que o caminho que vimos perseguindo é o de pensar o objeto, utilizando todo o conhecimento disponível sobre ele, seja do real (concreto) ou do teórico (abstrato).

Obras consultadas

CARDOSO — *A Periodização e a Ciência da História — Observações Preliminares.* Miriam Limoeiro, junho 1977, material de estudo.

RICOEUR, PAUL. *Interpretação e Ideologia.* São Paulo, Francisco Alves, 1988.

15.

O questionamento da interdisciplinaridade e a produção do seu conhecimento na escola

Regina Bochniak

Em pequeno tratado sobre o conhecimento, conta-nos Bochenski que, pelos fins do século V a.C., vivia na Sicília um filósofo grego de nome Górgias de Leontino, cujo principal feito foi formular e defender, habilmente, três proposições: primeira, que "Nada existe"; segunda, que, "Mesmo se existisse alguma coisa, não poderíamos conhecê-la"; terceira, que, "Concedido que algo existe e que o podemos conhecer, não o poderíamos comunicar aos outros". Acrescenta-nos o autor que nada consta sobre o fato de o próprio Górgias ter tomado a sério suas proposiçoes ou se se trata — como pensam alguns estudiosos — de um simples gracejo. Diz que as três proposições são-lhe, entretanto, tradicionalmente atribuídas e, desde então — há vinte e quatro séculos — estão aí e nos estimulam a refletir sobre elas, por mais incríveis e extravagantes que possam parecer. Acredita Bochenski não ser fácil encontrar um homem que, alguma vez na vida, não se tenha feito pergunta semelhante, afirmando também que, "Se tal não foi ainda o vosso caso, poderá ainda acontecer"...[1]

Certamente, não se há de duvidar de que Górgias de Leontino tenha sido um cético. Tampouco que Bochenski estivesse, com ou sem ingenuidade, gracejando sobre a possibilidade de, seriamente,

---

1. BOCHENSKI, I. M. *Diretrizes do Pensamento Filosófico.* São Paulo, Herder, 1961.

virmos a refletir sobre o que disse o filósofo em suas três proposições.

Nesta medida, da última proposição, em especial, e das anteriores também, consideramos necessário, aqui, ocupar-nos, uma vez que nos dispomos a refletir sobre interdisciplinaridade como categoria indispensável para se repensar o processo de educação, na sociedade atual.

Apesar de parecer, ao educador, inconcebível, certamente inadmissível acatar a terceira proposição, pois que admitindo-a estaria negando o próprio processo — da educação — a que se dedica, parece-nos interessante ponderar sobre ela.

Havemos de admitir que não foram poucos e que ainda não são poucos os educadores que temo-nos preocupado com o fenômeno da comunicação, no processo de ensino-aprendizagem. Enfatizando a necessidade da percepção ativa, por parte daquele que aprende, não havemos de negar a necessidade de idêntica percepção ativa, por parte daquele que ensina, pois que também aprende.

Daí sugerirmos o repensar, primeiramente, da proposição terceira, enunciada pelo filósofo grego, para questionarmos a sua veracidade e, caso afirmativo, o porquê de, concedida a existência e o conhecimento de alguma coisa, não o podermos comunicar aos outros. Seria, porventura, mais fácil rejeitá-la (a terceira proposição), se ao educador fosse concedida a redução do processo de ensino à denominação alternativa, recíproca, inclusiva e/ou exclusiva, de aprendizagem? Talvez.

E daí sugerirmos, secundariamente mas não por último, o repensar também de suas iniciais — duas — proposições, imaginando-as, aqui, fazerem referência à interdisciplinaridade e concebendo-as — as três — como questão. Primeiro esta: *A interdisciplinaridade existe?* Em seguida: *Se a interdisciplinaridade existe, podemos conhecê-la?* E terceiro: *Concedido que a interdisciplinaridade existe e que a podemos conhecer, poderíamos comunicá-la aos outros?*

É sabido que, aos estudiosos da interdisciplinaridade, a questão de enunciá-la, defini-la e/ou conceituá-la, tem sido de difícil solução. Acreditam, e não sem fundamento, que, ao definir e/ou conceituar interdisciplinaridade, correriam o risco de, reduzindo-a em expressões, empobrecer-lhe o conteúdo.

Da mesma forma e, ainda, para dificultar-lhes o questionamento, concorre o fato de que conhecer interdisciplinaridade não lhes parece um processo assim tão simples. Diante da multiplicidade de formas e de conteúdos — através dos quais ela pode se manifestar — a pretensão do estudioso em afirmar conhecê-la, quanto maior for o seu aprofundamento no assunto, tanto mais complexa há por se tornar. Daí poucas indicações sobre interdisciplinaridade, a também pouca e pequena produção específica sobre ela, ter para nos comunicar.

Na produção dos teóricos, que a ela se dedicam, vemos proposições — "o significado fundamental da interdisciplinaridade é a lembrança da ordem humana"[2]; "a interdisciplinaridade é questão de atitude (...), a interdisciplinaridade (...) vive-se, exerce-se"[3] — que fazem pensar, em especial, na proposição terceira do filósofo grego.

O que importa, entretanto, aqui, considerar é que, apesar de incipiente a bibliografia específica sobre interdisciplinaridade, nada incipiente tem sido o emprego, a indicação, a citação da palavra interdisciplinaridade em inúmeras produções científicas — obras recentes — que não exclusivas da área da educação. A emergência de novo paradigma de desenvolvimento científico[4], por muitos já denominado — ainda que inadequadamente — de "pós-moderno"[5] é, principalmente, a responsável pela reutilização, reedição e reconsideração do termo *interdisciplinaridade.* Emergente e urgente, pois, torna-se a necessidade do seu reestudo e aprofundamento. Indiscutivelmente, diante da aceleração do processo de produção científica da nossa época, diante da perplexidade do homem moderno frente à multiplicidade dos conhecimentos que se lhe apresentam, a questão da interdisciplinaridade é *questionamento* atual. Assim sendo, já não podem — principalmente os que se dedicam

---

2. GUSDORF, G. "Pasado, Presente y Futuro de la Investigación Interdisciplinaria", in *Interdisciplinaridad y Ciencias Humanas.* Madri: Tecnos/ Unesco, 1983.

3. FAZENDA, I. C. A. *Integração e Interdisciplinaridade no Ensino Brasileiro — Efetividade ou Ideologia.* São Paulo, Loyola, 1979.

4. SANTOS, B. de S. *Introdução a Uma Ciência Pós-Moderna.* Rio de Janeiro, Graal, 1989.

5. LYOTARD, J. F. *O Pós-Moderno,* 3.ª ed. Rio de Janeiro, José Olympio, 1988.

à tarefa da educação — omitir-se de, inclusive na reconsideração da dificuldade, o seu conceito, o seu conhecimento e a sua comunicação, ainda que perigosamente, ainda que correndo riscos de redução, procurar desvendar.

Ivani Fazenda, no Brasil, é educadora que se tem disposto a esse desafio. Convicta de que interdisciplinaridade é questão de atitude, de que a interdisciplinaridade há que ser vivida e exercida, não se furta à ousadia de, estudando-a, vivendo-a e exercendo-a, pretender o seu ensino e/ou aprendizagem provocar.

Esta publicação, por ela coordenada, é exemplo — é um dos exemplos — do seu empreendimento no propósito de desvelar o projeto interdisciplinar e, quem sabe, uma de suas iniciativas no sentido de esboçar uma teoria da interdisciplinaridade, ainda que outras conotações esta teoria possa vir a ter.

Esta publicação, concebida a partir de práticas interdisciplinares do grupo — e de cada um dos mestrandos e doutorandos — por ela coordenado, quer ter relatos vividos da atitude interdisciplinar. Pretende, através de textos — inclusive deste nosso — redigidos por seus alunos, ainda que de forma incipiente, alguns pressupostos da interdisciplinaridade vir a esboçar.

Parafraseando, então, Górgias, e com a intenção de negar as suas proposições, queremos de início registrar três outras de que nos valemos como premissas. Primeiro a de que "a interdisciplinaridade existe"; segundo a de que "podemos conhecê-la" e, terceiro, a de que — função das outras — "podemos comunicá-la, aos outros, de diferentes formas". É através de uma delas, a forma deste nosso texto, desta nossa história — relato vivido da atitude interdisciplinar — que nos animamos a algumas considerações registrar.

Quando nos dedicamos à tarefa da educação, não nos é possível precisar exatamente há quanto tempo estamos nela. Aqueles que se dedicam à tarefa da educação, desde há muito, estão na escola (qualquer que seja) bem antes de virem a se tornar profissionais dela. Por isto exatamente é difícil, senão impossível, precisar quando deixamos de ser "aluno" para nos tornarmos "professor" ou, por outro lado, quando e por quantas vezes, já no exercício do magistério e/ou no de funções técnico-administrativas da escola, continuamos sendo "aluno".

Valendo-nos, entretanto, da convenção social que estabelece esses limites, essas diferenças, devemos dizer que já estávamos há mais de vinte anos no exercício profissional da educação, quer na docência, quer em funções técnico-administrativas de escolas de 1.º, de 2.º e, principalmente, de 3.º grau, da rede pública e particular de ensino, quando surgiu-nos a oportunidade de assumir direção de faculdade de Educação que se implantava com a criação de curso de Pedagogia.

A experiência prática profissional de que dispúnhamos, acrescida do fato de sermos pedagoga, havia necessariamente de representar grande compromisso diante de tal circunstância, em especial pelo fato de o curso de Pedagogia em nossos dias atuais, não vir tendo suficiente demanda, o que significa — do ponto de vista da função social da escola de nível superior — a abertura desse curso não representar exatamente uma prioridade ou, como diriam alguns, uma efetiva necessidade.

Dirigir um curso de Pedagogia, naquela situação (foi recente essa circunstância), configurava-se decisão coerente apenas na medida em que pudéssemos assumi-lo com condições e possibilidade de desenvolvermos um curso de elevada qualidade, dadas as conseqüentes repercussões (para o curso em geral e sua demanda) que isso pudesse vir a ter.

Entretanto, o currículo do curso, na oportunidade, já era estabelecido e, por circunstâncias específicas, não deveria ser modificado.

Da mesma forma, o corpo docente já havia sido indicado e aprovado, bem como os demais instrumentos legais: regimento geral, número de vagas, turnos, acervo bibliográfico etc.

O desafio parecia configurar-se, ainda maior diante da impossibilidade e/ou inconveniência de serem alterados componentes da sua infra-estrutura. Essa inconveniência e/ou impossibilidade, entretanto, que à primeira vista nos parecia elemento dificultador do processo, numa análise mais aprofundada acabou por ser entendida como elemento típico de todas e quaisquer, se não da maioria, das situações em que o educador atua e, portanto, acabou por se constituir um dos maiores motivos de termos aceito o desafio.

Outro elemento típico (é importante frisar que é típico), já na primeira reunião com o corpo docente, configurava-se diante de nós: todos os professores, sem exceção, pretendiam desenvolver um trabalho de extremada qualidade na busca de uma escola melhor.

Daí termos, aquele grupo heterogêneo de professores — de diferentes formações profissionais (éramos um economista, um lingüista, um sociólogo, um psicólogo, dois filósofos e três pedagogos) — estabelecido por pressuposto fundamental o trabalho participativo e de o termos, também, denominado, mesmo se inadvertidamente, de *interdisciplinar*. Trabalho participativo e interdisciplinar, dizíamos naquela oportunidade, porque a grande preocupação de todos os professores prendia-se ao fato de o currículo daquele curso (o que é comum a muitos cursos de Pedagogia) estabelecer, já no primeiro ano, um elenco muito variado de disciplinas, a saber, História da Educação, Filosofia, Economia, Psicologia, Sociologia, Português, Dinâmica de Grupo e Relações Humanas, Metodologia do Trabalho Científico, o que nos parecia representar fragmentação bastante grande do conhecimento a ser transmitido aos alunos. Entretanto, cada um dos professores defendia ardorosamente a necessidade da inclusão de sua disciplina no currículo de formação do pedagogo. O que é típico, também, diga-se de passagem, essa "defesa" acontecer diante do currículo de qualquer curso e/ou nível de ensino. A grande preocupação daquele grupo heterogêneo de professores era, então, a necessidade de possibilitar aos alunos, em especial, a superação dessas visões fragmentadas do conhecimento e, conseqüentemente, do próprio homem, do próprio educador que ali se formava, já que se dispunham todos à formação do pedagogo — um especialista da não-especialidade, segundo a concepção (subliminar ao menos, quem sabe até velada) daquele grupo de professores, diferentes especialistas.

Daí aquele grupo heterogêneo de profissionais — mais heterogêneo ainda porque composto por professores de diferentes tendências e posturas diversas frente à educação — que não se conheciam pessoalmente, termos procurado definir, em comum, um lema que contemplasse todas essas nossas diferenças e que, ao mesmo tempo, traduzisse a nossa preocupação pelo desenvolvimento do curso em nível de excelência.

Daí o lema ter sido definido em termos de "Mais do que ensinar e aprender Pedagogia, fazer Pedagogia" e, nestes termos, ter sido amplamente anunciado e discutido com os alunos, em especial, para que todos se apercebessem de que tudo o que ocorresse no dia-a-dia daquela escola deveria configurar-se como Pedagogia.

Acreditávamos que desse lema deveriam emergir análises cotidianas do cotidiano escolar, tanto por parte dos docentes quanto dos discentes, em que se buscasse a coerência, a imbricação entre teoria e prática estudada e vivida, naquela escola — imbricação que nos parecia representar o principal subsídio para a consecução de uma escola melhor.

Antes de prosseguirmos, consideramos importante pontuar expressões do ontem e do hoje.

Ontem, dizíamos — mesmo se inadvertidamente, naquela oportunidade — trabalho interdisciplinar e participativo. Trabalho interdisciplinar e participativo, ainda que realizado a partir de diferentes posturas e visões educacionais, dizíamos com uma certa hesitação, porque receosos de "interpretações" e conseqüentes críticas sobre uma "certa neutralidade" diante do acatamento de diferentes concepções — o que justificávamos com o argumento de não admitirmos o caráter doutrinário da adoção de concepção única na formação do pedagogo.

Hoje, diríamos trabalho interdisciplinar porque participativo. Trabalho interdisciplinar porque realizado por grupo heterogêneo de professores — bastante heterogêneo e por grupo também heterogêneo de alunos, diríamos hoje, com muito maior convicção.

Ontem, dizíamos trabalho interdisciplinar porque disposto a superar visões fragmentadas do conhecimento, no curso de Pedagogia, com currículo que apresentava elenco bastante variado de disciplinas. E ainda acrescentávamos, até com certa insegurança: trabalho interdisciplinar porque preocupado com um "tipo" de interdisciplinaridade — a interdisciplinaridade "interna" daquele currículo.

Hoje, com muito mais segurança, diríamos: trabalho interdisciplinar porque disposto ao desafio de superar visões fragmentadas muito mais radicais do que a das fronteiras entre disciplinas; interdisciplinar porque disposto a romper barreiras entre teoria e prática, por exemplo, que não é exclusiva de um curso, mas é comum a todos — é passível de ocorrer em todo e qualquer currículo escolar. E, ainda mais, acrescentaríamos: trabalho interdisciplinar sem qualquer "tipificação", se interna ou externa, se específica desse curso, com currículo mais diversificado, ou se a um outro, com currículo mais dirigido a uma área restrita do conhecimento. Trabalho interdisciplinar porque preocupado com a formação da visão de totalidade do homem que, em qualquer curso ou nível de ensino, de forma, ainda que se forme especialista. Trabalho interdisciplinar porque disposto a "mais do que ensinar e aprender um conhecimento, qualquer conhecimento — Pedagogia, Engenharia, Direito, Matemática, Literatura, Enfermagem, Arquitetura e Urbanismo, Filosofia... disposto a fazer, no cotidiano, este conhecimento"; disposto a *produzir conhecimento*, como diriam os teóricos da educação da atualidade. Trabalho interdisciplinar feito pelo homem que produz conhecimento, que faz *poiésis* — radicalmente concebida como "fazer por si mesmo".

Trabalho interdisciplinar porque disposto e motivado a grandes desafios que se vão realizando a partir do cotidiano, através de pequenos passos. Trabalho interdisciplinar que, quando se dispõe a superar barreiras complexas, acata o desafio de desmitificá-las na simplicidade da sua essência. Como, por exemplo, a de desvelar para o homem, com o homem, o que seja visão de totalidade a partir das visões fragmentadas, pois que é a fragmentação que a visão de totalidade subsidia; ou o desafio de desvelar o que venha a ser a sugestão (da teoria educacional) de desenvolver o espírito crítico do aluno, exercitando-o na escola. E também o do professor — é indispensável registrar. Trabalho interdisciplinar que não admita barreiras estabelecidas, só porque consagradas, entre níveis de ensino e tipos de escolas, por exemplo, e que se disponha a, desde as séries iniciais do 1.º grau (e por que não desde a pré-escola?) a ensinar e/ou aprender, com os alunos, dos alunos e/ou para os alunos, o que seja *pesquisar*. Trabalho interdisciplinar que procura observar as atividades cotidianas desenvolvidas numa escola, para nelas perceber, para delas captar e descrever a multiplicidade de relações que se estabelecem no cotidiano, sempre com o propósito de melhor explorá-las, mais adequadamente programá-las, modificá-las, de forma sempre mais consciente realizá-las.

A descrição das atividades que desenvolvíamos naquele curso de Pedagogia tem esses propósitos. Porque a intenção que temos com a redação deste texto — relato de experiências — é a de desvelar como pode um processo, a partir do estudo e aprofundamento de suas relações, assumir dimensões que, quase fatalmente, acabam por extrapolá-lo. E, assim acontecendo, passam a representar (o trabalho e o estudo) compromisso — daqueles que participaram desse exercício — de cada vez melhor empreendê-lo. O que sói acontecer com a educação quando *stricto sensu* concebida.

Em outras palavras, o que queremos, aqui, registrar é que não foi sem propósito, muito menos ocasional, a distinção, que há pouco fizemos, das concepções que tínhamos ontem, das que temos hoje e, em especial, das que aqui pretendemos a outros educadores interessados na busca da escola melhor, comunicar. Ainda que tenhamos vivido uma experiência que, por várias indicações, possamos avaliar como bem-sucedida, o mais significativo do processo sempre será o seu estudo, aprofundamento, desvelamento do ponto de vista teórico que nos subsidie a outros empreendimentos pretender e realizar. O estudo que desenvolvemos, em especial no grupo de estudos que este livro publica, já parece então muito claro: é o que nos subsidia para tudo isso distinguir e afirmar. Afirmar hoje com segurança que naquele trabalho o que se desvelava era a perspectiva e a atitude interdisciplinar.

As atividades que desenvolvíamos naquela escola, cujo lema era o de "fazer Pedagogia", tinham a intenção de contradizer o jargão do "Faça o que digo e não faça o que faço", tão naturalmente aceito e sedimentado pelas escolas. As alternativas de que nos valemos procuravam desmitificar outras tantas contradições da escola através do exercício de relações: além das relações teoria e prática, relações do conhecimento científico com o do senso comum, relações entre as disciplinas na formação do pedagogo, relações do pensamento/sentimento (valores)/movimento (ação) de cada um dos participantes daquele processo.

Por paradoxal que pareça, essas atividades eram extremamente simples. Consistiram em (acrescentando uma aula diária ao horário do aluno) possibilitar, principalmente a ele, o exercício do questionamento do conhecimento existente, o exercício da resposta e esse questionamento e o exercício da avaliação desses dois exercícios anteriores de questionar e responder ao conhecimento existente e também do de avaliar. Por paradoxal que pareça, eram simples esses exercícios. Eram simples, porque radicalmente concebidos.

Questionar o conhecimento representava, para nós, naquela oportunidade, simplesmente fazer elaborar com os alunos — individualmente e em pequenos grupos — questões sobre o conhecimento existente, em termos de teoria e prática. Teoria concebida a partir dos conteúdos das disciplinas que compunham o currículo. Prática, a exercida por professores e alunos na sala de aulas, e mais: a exercida na experiência de vida de cada um — "cultura primeira" — como diria Snyders[6]. Questionamento representava a passagem da "cultura elaborada" à "cultura primeira" do aluno e do professor — poderia ser dito — sem que a ordem dos fatores importasse ao propósito.

Responder a essas questões, para nós, naquela oportunidade, representava simplesmente permitir a cada um dos alunos, fundamentalmente, que elaborasse as suas próprias respostas, quer individualmente, quer em pequenos grupos que — houvemos por bem estabelecer — tivessem a sua composição constantemente alterada.

E *avaliar* consistia, para nós, simplesmente, em — no grande grupo — descobrir o valor, a valia desses todos exercícios cotidianos.

Daí que *questionar* o conhecimento existente, radical e simplesmente concebido, como elaborar questões sobre um assunto (pois que para se elaborar questões sobre um assunto necessário se faz, antes de tudo, conhecê-lo), pudesse assumir proporções de ultrapassar a mera reprodução do conhecimento existente, possibilitando o desenvolvimento da atitude de pesquisar. Daí que *responder* às questões elaboradas, tanto quanto o primeiro e o terceiro exercícios, pudesse assumir conotações de produção do conhecimento. Daí que *avaliar* esses procedimentos pudesse ter adquirido conotações de desenvolvimento do espírito crítico, em especial do aluno que percebia a modificação que o processo educacional, nele e no grupo, operava. Daí que essas três atividades simples, que promovem abertura de horizontes, que rompem barreiras que dificultam a visão de totalidade do homem, pareçam-nos claramente, hoje em especial, premissas e/ou pressupostos da atitude interdisciplinar.

Atitude que pode ser manifestada através desta forma de que nos valemos — de questionar, responder e avaliar. Atitude que pode ser manifestada através outras tantas formas de que outros educadores se vêm utilizando na construção da sua prática pedagógica. Atitude que não supõe nem pretende estabelecer modelos,

---

6. SNYDERS, G. *A Alegria na Escola.* São Paulo, Manole, 1988.

pois que se transforma constantemente enquanto se produz na sala de aulas. Mas que, não por isso, deixa de perceber a possibilidade, a necessidade e a utilidade da troca de experiências — da comunicação — operar. Conforme ao movimento próprio da História.

Outras tantas formas de desvelamento do projeto interdisciplinar vêm descritas neste livro. Em todas elas há elementos comuns ao nosso, como esse de pesquisar a própria prática, que também nos parece uma indicação da atitude interdisciplinar que aprendemos com Ivani.

Atitude interdisciplinar que, uma vez percebida, acaba por nos conduzir à percepção de outras tantas contradições da visão fragmentária e/ou dicotômica, que está enraizada também na nossa prática pedagógica, ainda que de forma oculta, velada. Contradições que, naqueles exercícios de questionar, responder e avaliar, davam-se facilmente a perceber e impunham-se como obstáculo que, a cada um dos participantes e ao grupo como um todo, cabia superar. Contradições que, se a perspectiva da interdisciplinaridade sublinha, a atitude interdisciplinar, despertada no educador, abomina e não mais admite possam na escola continuar vigorando. Ainda que sedimentadas na própria história do desenvolvimento científico que, via de regra, serve-se de ambivalências para conduzir a sua produção.

Desde a do sujeito/objeto que dá origem aos conceitos de objetividade/subjetividade, pesquisa quantitativa/qualitativa. Desde a do *Cogito, ergo sum* cartesiano, das distinções entre ciências humanas e ciências naturais, causa/efeito, empirismo/racionalismo, idealismo/realismo, individualismo/socialismo e tantas outras até mais antigas e fragmentadas que permeiam as relações na escola, tais que a de corpo/mente, trabalho manual/intelectual, pensamento/sentimento/movimento do ser humano.

Além da contradição bastante enfatizada, nesse texto (a da dicotomização teoria e prática que consideramos subsidiar todas as demais), destacamos aqui mais algumas que na pesquisa (releitura substanciada) da nossa prática pedagógica pudemos perceber como contradições que se opõem à perspectiva interdisciplinar.

A dicotomia dos componentes obrigação/satisfação, subsidiada no mito da oposição trabalho/lazer, dicotomia muito enfatizada e consagrada pela escola que associa — ainda que nos dias atuais muito mais de forma sutil do que ostensiva — a tarefa escolar ao castigo, nunca ao prêmio. De forma sutil, porém não menos grave. A dicotomia do grupo homogêneo/heterogêneo que a escola conscientemente não supera porque convicta de que classificar os indivíduos (alunos principalmente) por nível, série, origem social, desempenho escolar, ainda se constitui critério adequado para agrupar os indivíduos. Mesmo que o preço a pagar por essa convicção/comodismo seja o de cometer injustiças e abrir mão da perspectiva de enriquecimento que um trabalho participativo-interdisciplinar pode trazer à escola. A dicotomia da especialidade/generalidade que, em especial nos dias atuais, tem contribuído para criar perplexidades que a escola não sabe compor, uma vez que se habituou, apenas, a optar por um dos dois pólos das dicotomias. A dicotomia da reprodução/questionamento do conhecimento existente, que a escola não gosta de conhecer, senão na teoria, pois que na sua prática cotidiana só sabe se ocupar com a reprodução do conhecimento existente.

Finalmente, então, aqui queremos registrar que, se naquela oportunidade trabalhávamos, mais que tudo, intuitivamente, nos exercícios de questionar, responder e avaliar o estudo que em teoria e prática fizemos, no grupo de estudos sobre interdisciplinaridade, mais que tudo, foi o que nos pôde demonstrar a perspectiva de substituição, no cotidiano da escola, das visões fragmentadas e/ou dicotômicas pelo que chamamos de *convergências* (desvelamento do projeto interdisciplinar[7]) em termos, mal ou bem, denominados de saber, alegria, participação, interdisciplinaridade, História, respectivamente. Sempre frisando a provisoriedade e circunstancialidade dessas nossas *respostas*. Provisoriedade capaz de convidar, sempre, o educador à *avaliação* desses e de muitos outros *questionamentos* a que ele, como nós, tem respondido no cotidiano da sua sala de aulas — sala de aulas que faz a História. Circunstancialidade capaz de incentivá-lo, como a nós incentiva, à busca de conhecer, valorizar e se mover em sua circunstância para — na avaliação/pesquisa da mesma — se dispor a modificá-la, transformá-la e produzi-la em perspectiva melhor e maior. Para que (quem sabe) ele, como nós, afirme confiante que o processo de educação

7. BOCHNIAK, R. *Desvelamento do Projeto Interdisciplinar: Um Exercício de Questionamento e de Produção do Conhecimento.* PUC-SP, dissertação de mestrado, 1991.

em perspectiva de interdisciplinaridade (paradigma emergente da educação) existe; que esse "paradigma", ou como melhor possa ser denominado, pode ser profundamente conhecido pelo homem e que, quando ele se faz vivido pelos educadores, pode ser comunicado, reproduzido e produzido para, através de outras e mais formas concebido, sua sempre nova *existência* dar-se a, novamente, *conhecer* e, novamente, *comunicar*.

UBAIATU

16.

Ubaiatu: "canoa das águas aplaudentes"... um lugar para a interdisciplinaridade

Carla M. A. Fazenda e Mírian Machado

Introdução

O homem vive, atualmente, um período de intensa crise, gerada pelo desequilíbrio institucionalizado das forças atuantes no mundo ao seu redor. Deve tentar redescobrir, na natureza, fontes para balanceá-lo e iniciar a produção de novos usos para os espaços de sempre, a fim de conciliá-los ao drama de sua existência, saciando as suas reais necessidades e atendendo os seus mais interiores anseios. *Uma possível solução encontra-se na idealização de um espaço-teatro que possa ser um palco para o drama desse novo homem — Ubaiatu.*

Formas

São consideradas três as formas essenciais de teatro.

1. A arena circular.
2. O anfiteatro (grego ou romano). Compõe-se de arena semicircular e proscênio, onde a ação se destaca em relevo de um fundo fixo mas não se separa do público.
3. A cena italiana. É totalmente separada do público e utiliza-se de telão e fosso para orquestra. Assemelha-se ao teatro grego,

porém com um caráter mais circense e menos inovador. Sua construção despreza a topografia e o seu espaço se reserva ao uso da aristocracia.

Como uma tentativa de quarta forma, *Ubaiatu explora a arquitetura que não condiciona o espetáculo ao seu espaço físico. Sua natureza flexível é cúmplice do desempenho cênico em si.*

Surgimento do teatro

O teatro surge na Grécia, a partir da transição de ritos religiosos para a representação. Na época, por volta do século V a.C., a carroça de Thespis, um palco móvel, veio a ser substituída por uma espécie de plataforma fixa.

O teatro da história

Com a chegada dos gladiadores e crises econômicas, comédias e mimos cedem sua vez a espetáculos de carnificina. A Igreja excomunga os atores no século V e no século seguinte proíbe o funcionamento dos teatros no mundo cristão. A dramaturgia cede espaço para os ritos religiosos.

Na Idade Média o cenário abandona as catedrais e invade as ruas e as praças. Assim, a cidade transforma-se em fonte de prazer e de diversão — algo mais do que objeto de utilidade, como diria William Fitzstephen.

É fato, desde essa época, que a cidade vem sendo palco e bastidores para a peça da vida humana. O uso de plataformas, roldanas, praticáveis, alçapões e carroças, aproximava público e espetáculo.

Com a chegada da Renascença, palco e platéia são novamente separados. A ação se desenvolve em ambiente fechado, iniciando-se o desenvolvimento da iluminação artificial no espetáculo, das fileiras de poltronas e conseqüente fragmentação do público segundo o seu nível sócio-econômico.

Ubaiatu desenvolve-se em aberto — público e platéia não se fragmentam.

Enquanto isso, a *commedia dell'arte* e o gênero popular cômico persistem nos espaços, em companhias, onde a ação ocorre sobre plataformas improvisadas e os cenários são pintados sobre cortinas.

Em Ubaiatu, cortinas podem ser instaladas. Plataformas possuem o direito de ir e vir com liberdade.

Fruto do desenvolvimento da *commedia dell'arte,* chega o drama shakespeariano, que também é difundido pelo humanismo renascentista fechado da elite.

Durante a violenta era do Puritanismo, fecha-se o teatro oficialmente por 20 anos (1642) e, logo após, surge o teatro clássico.

Os séculos XVIII e XIX representam a época do Romantismo e Naturalismo, que apenas tiveram influências na cenografia, permanecendo ainda a forma do palco.

Apagam-se as luzes e retiram-se os balcões da platéia — a platéia escurecida começa a ver no palco um novo espaço, que pode ser organizado em diversas dimensões.

Uma grande cobertura tensionada permite o escurecimento do espetáculo. Outra opção é aproveitar-se do efeito da atmosfera noturna.

Experiências

Experiências são realizadas, como o *teatro dinâmico* de Van der Velde, no qual o ator se situa em foco central; ou o *teatro total* de Walter Gropis, no qual o espetáculo envolve o espaço através de rotações mecânicas de suas partes; ou o *teatro futurista* de Enrico Prampolini, uma apologia ao maquinário, até mesmo as recentes experiências em Tóquio, com o Teatro de Tóquio, um espaço que também pode ser explorado por deficientes visuais.

A chegada da *new-age* dos anos 60, a era de aquários, trouxe consigo a idéia do teatro estético e experimental, que se encontrasse com as verdades dos sonhos do expectador — reflexos do sonho *hippie* e vanguardista.

O teatro libertou-se, portanto sua arquitetura deveria mudar drasticamente. Deveria tornar-se polivalente e flexível.

Diz-se que o teatro é o espelho da vida. Sua arquitetura é a moldura na qual vive a *performance.* No espelho pode-se ver refletidas as muitas mudanças da imagem e identidade que ocorreram na apresentação do drama — a arquitetura não é apenas a moldura neutra desse espelho.

Ubaiatu

É sua flexibilidade que coordena espaços e estabelece novas possibilidades de interação entre platéia e palco.

O projeto Ubaiatu permite um espaço para o movimento das suas partes durante o espetáculo — o espaço é o ato teatral e a platéia faz parte do cenário.

Sua multiplicidade possibilita um uso interdisciplinar do espaço — o teatro transcende a sua função essencial e se transforma em sala de aula, laboratório, espaço para projeções, concertos, observatório...

Água

É desta que vem a energia para a coordenação dos novos espaços. Ela possibilita a flutuação. Substitui todo um maquinário para movimentação das partes por cabos de aço ou simplesmente pela força humana.

Surge como fonte redescoberta de energia — o palco escorrega e envolve a platéia; a platéia passa a envolvê-lo, o que importa é estabelecer essa mobilidade que pode ou não ser controlada.

Espaços

Pequenos. Médios. Grandes. Não há fronteiras preestabelecidas para o espaço social.

Qualquer tipo de espetáculo é bem-vindo devido à adição ou subtração dos módulos de Ubaiatu. O espaço do entorno e a passagem completam a sua ocupação.

Serviços de apoio — como circulação secundária, entradas e saídas, bar, WCs, serviços, depósitos, projeção, camarins — são fixos no solo.

Os módulos são elementos triangulares que flutuam sobre um espelho-d'água onde são colocados pequenos mastros que podem desenhar o mapa da ocupação do teatro.

O acesso se dá por meio de passarelas flutuantes e modulares. Módulos lisos funcionam como palco. Dois outros tipos, com bancos, são desenhados para o público.

Iluminação, som e telão para projeções são instalados em quatro grandes mastros fixados nas bordas exteriores ao espelho-d'água.

Ao entorno se integram taludes de terra gramados, como continuação do espaço da platéia.

A construção de Ubaiatu se reduz a um mínimo de elementos e custos. A arquitetura entra aqui com sua forma, estrutura e função — agente da função do espaço.

Bibliografia

FAZENDA, I. C. A. *Integração e Interdisciplinaridade no Ensino Brasileiro: Efetividade ou Ideologia.* São Paulo, Loyola, 1979.

HARTNOLL, P. *The Theatre: a Concise History.* Londres, Thames and Hudson, 1987.

The Architetural Review, n.º 1108. Ano 1989, pp. 24 a 33, pp. 59 a 65, p. 70, pp. 80 a 82.

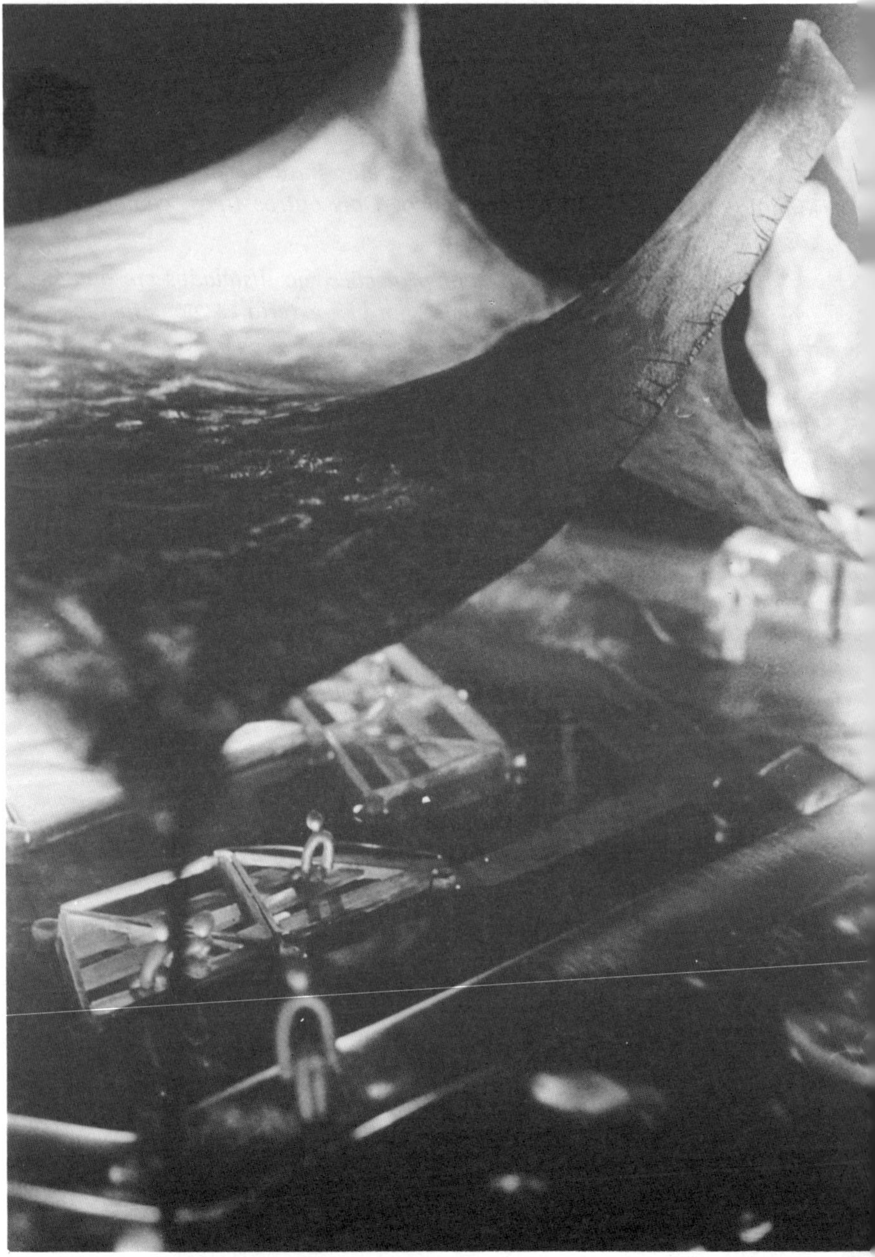

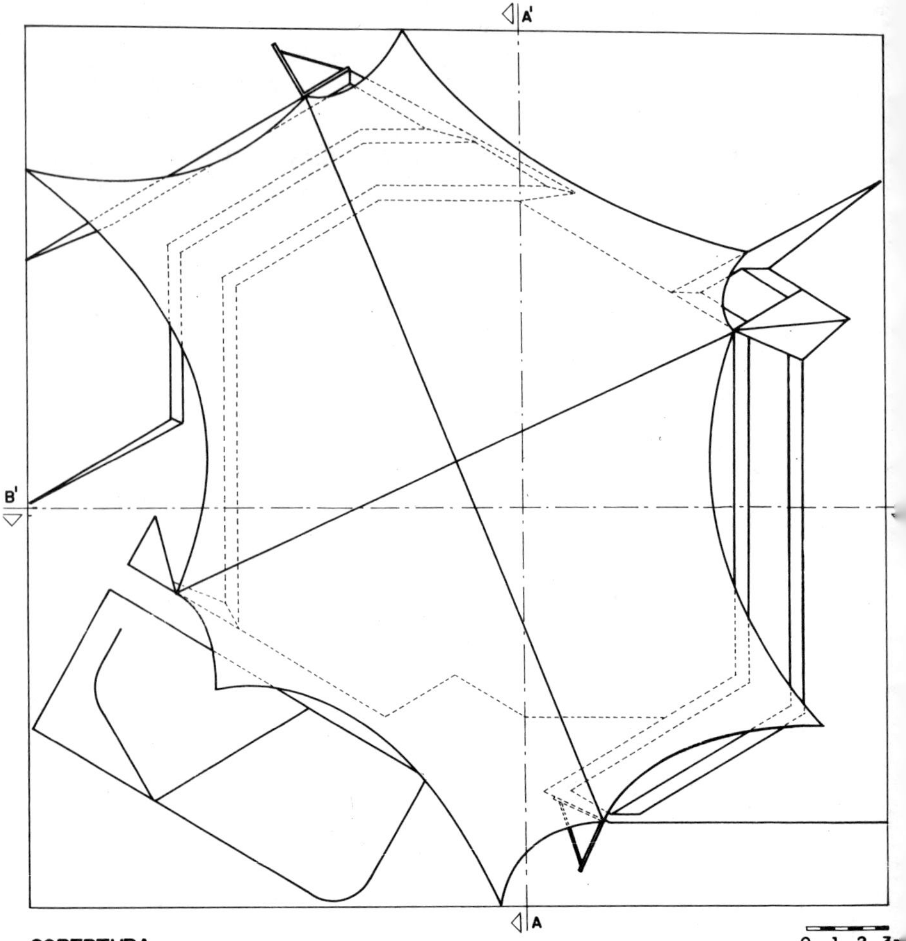

COBERTURA

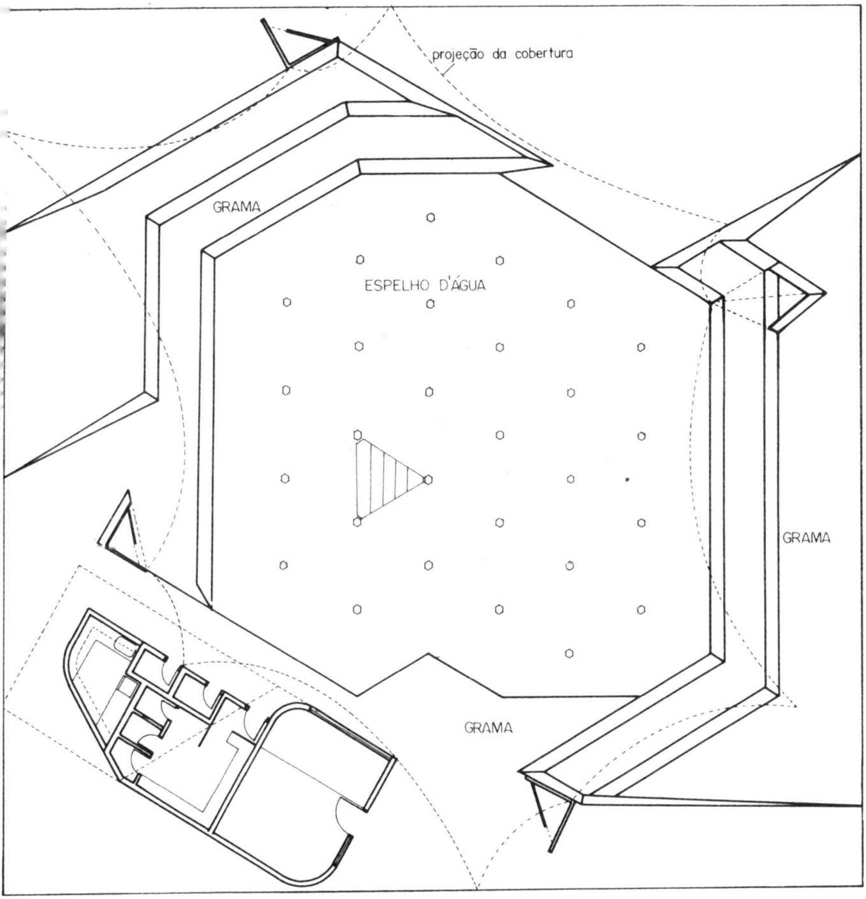

IMPLANTAÇÃO

0 1 2 3m

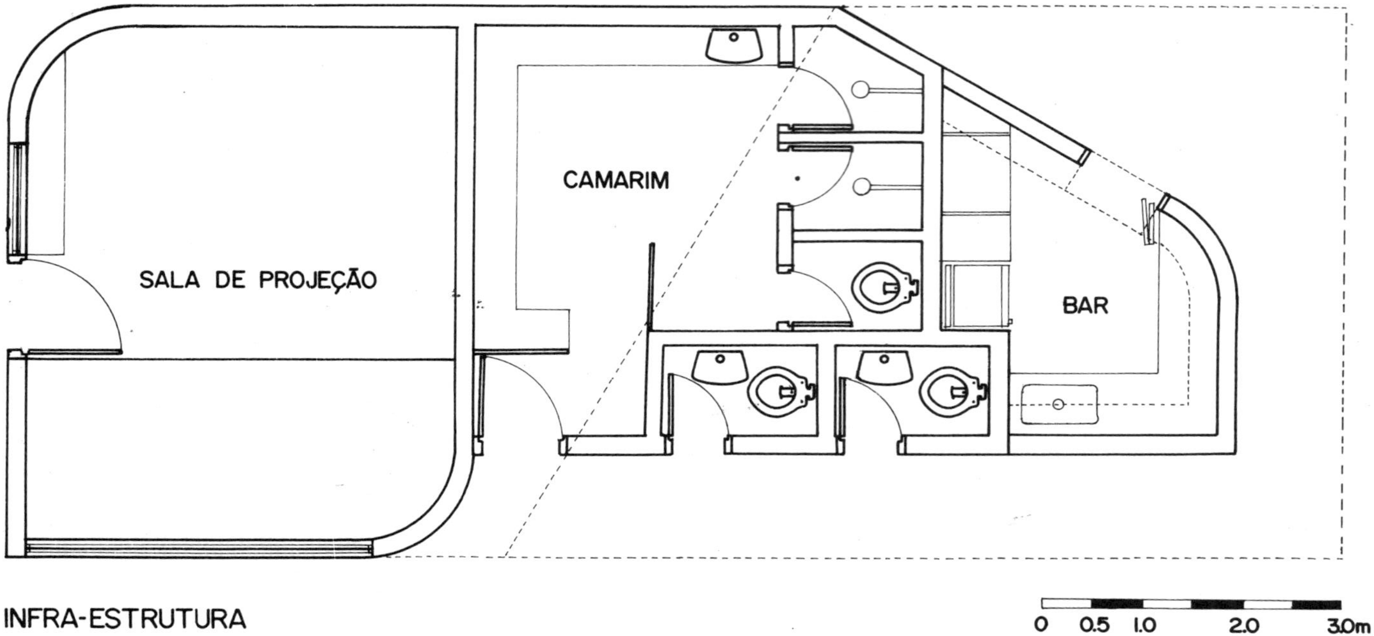

INFRA-ESTRUTURA

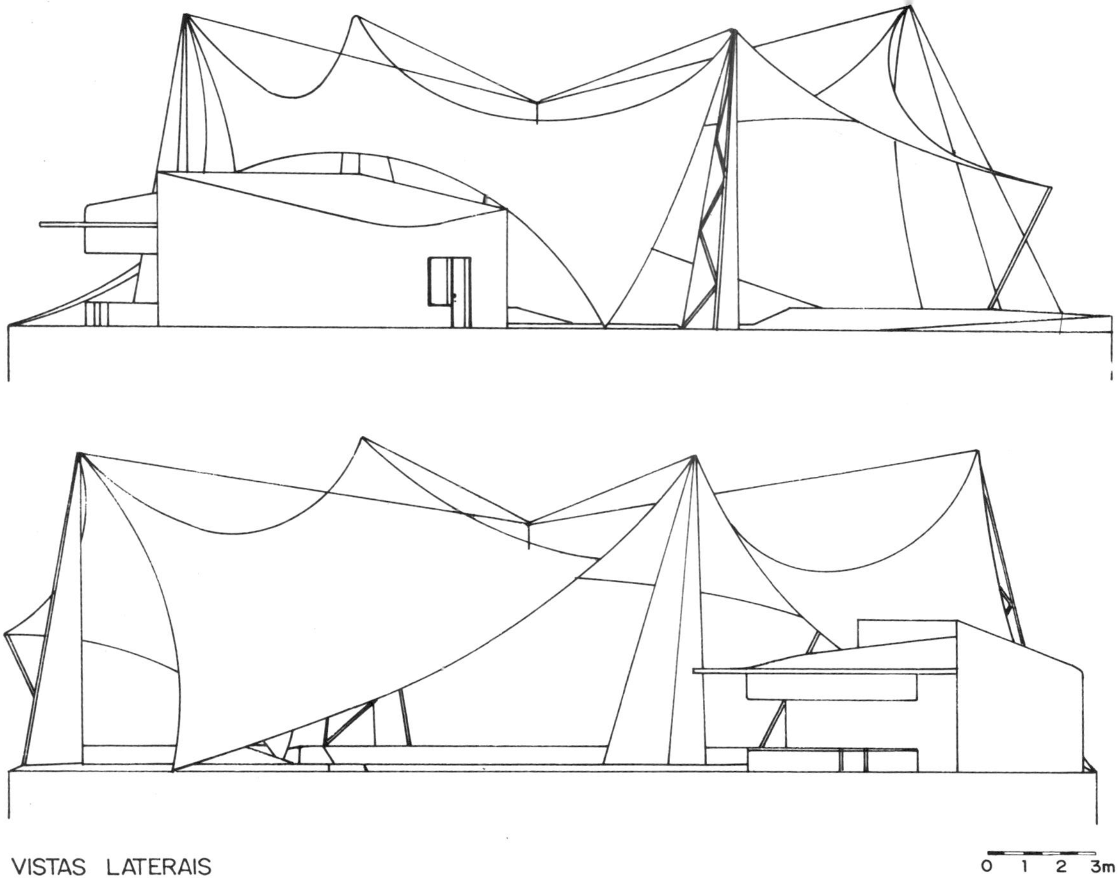

VISTAS LATERAIS

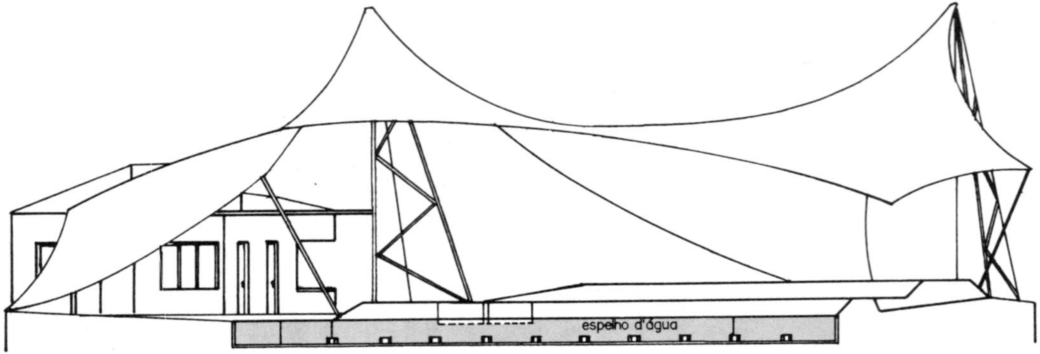

CORTE BB'

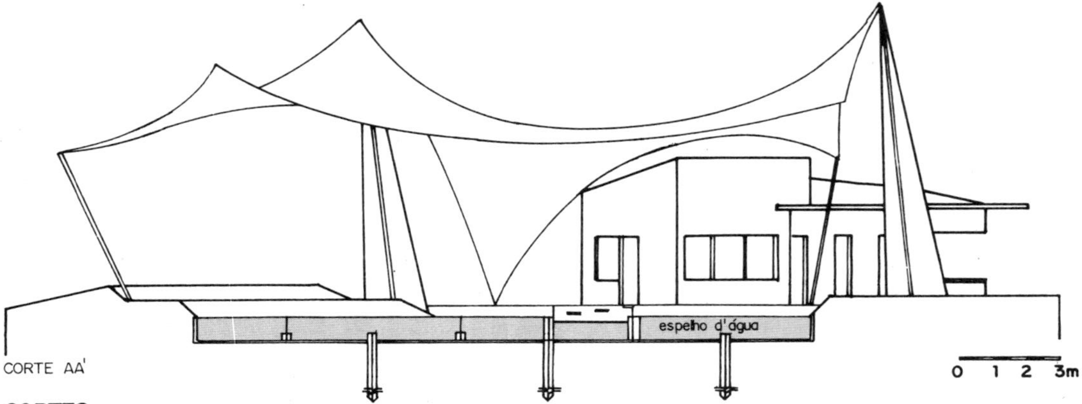

CORTE AA'

CORTES

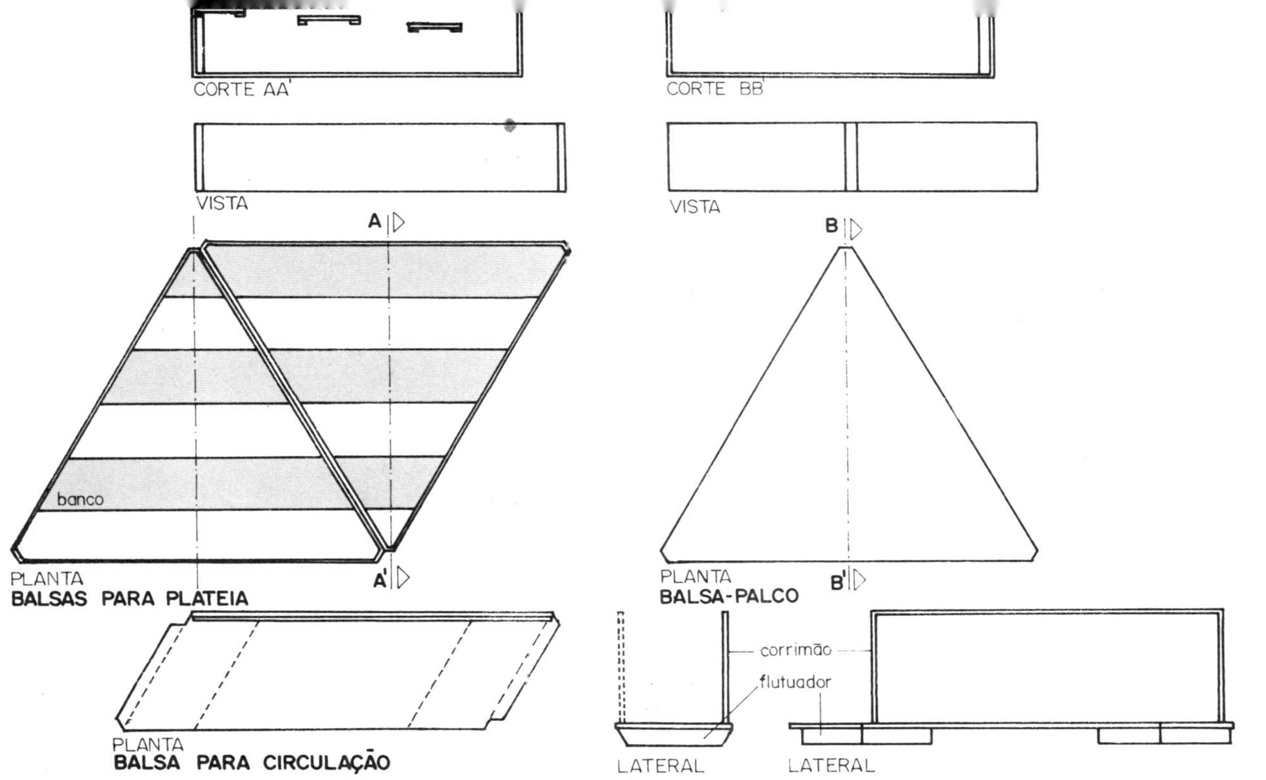

MÓDULOS FLUTUANTES

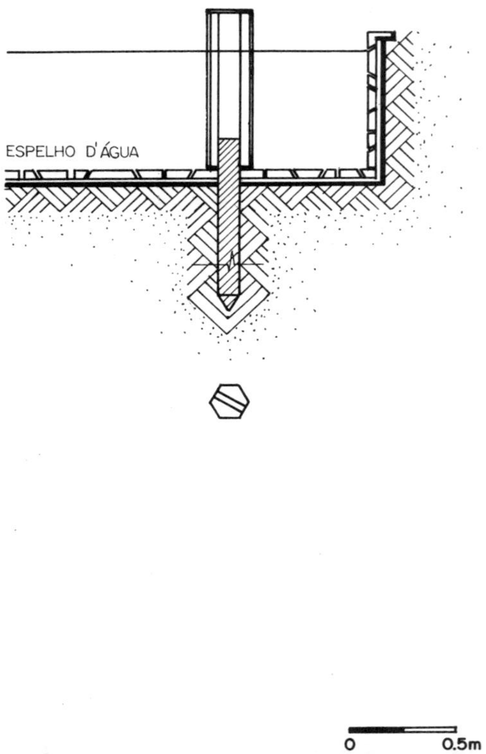
ESPELHO D'ÁGUA
0
0.5m

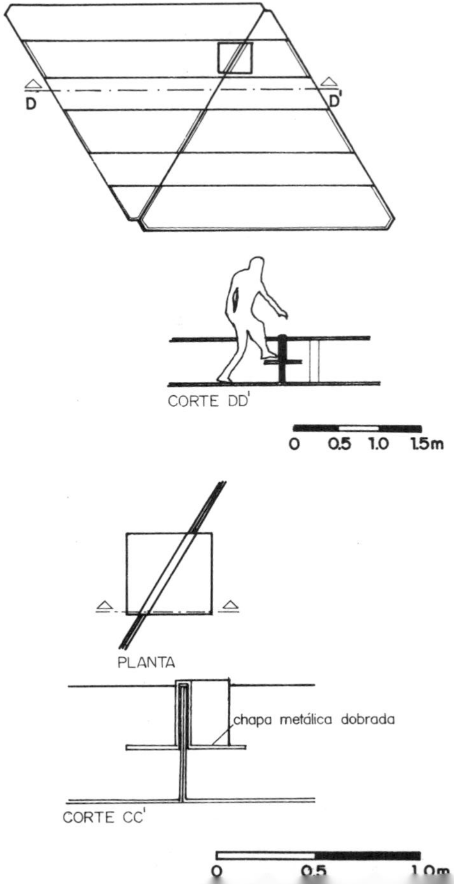
D
D'
CORTE DD'
0
0.5
1.0
1.5m
PLANTA
chapa metálica dobrada
CORTE CC'
0
0.5
1.0m

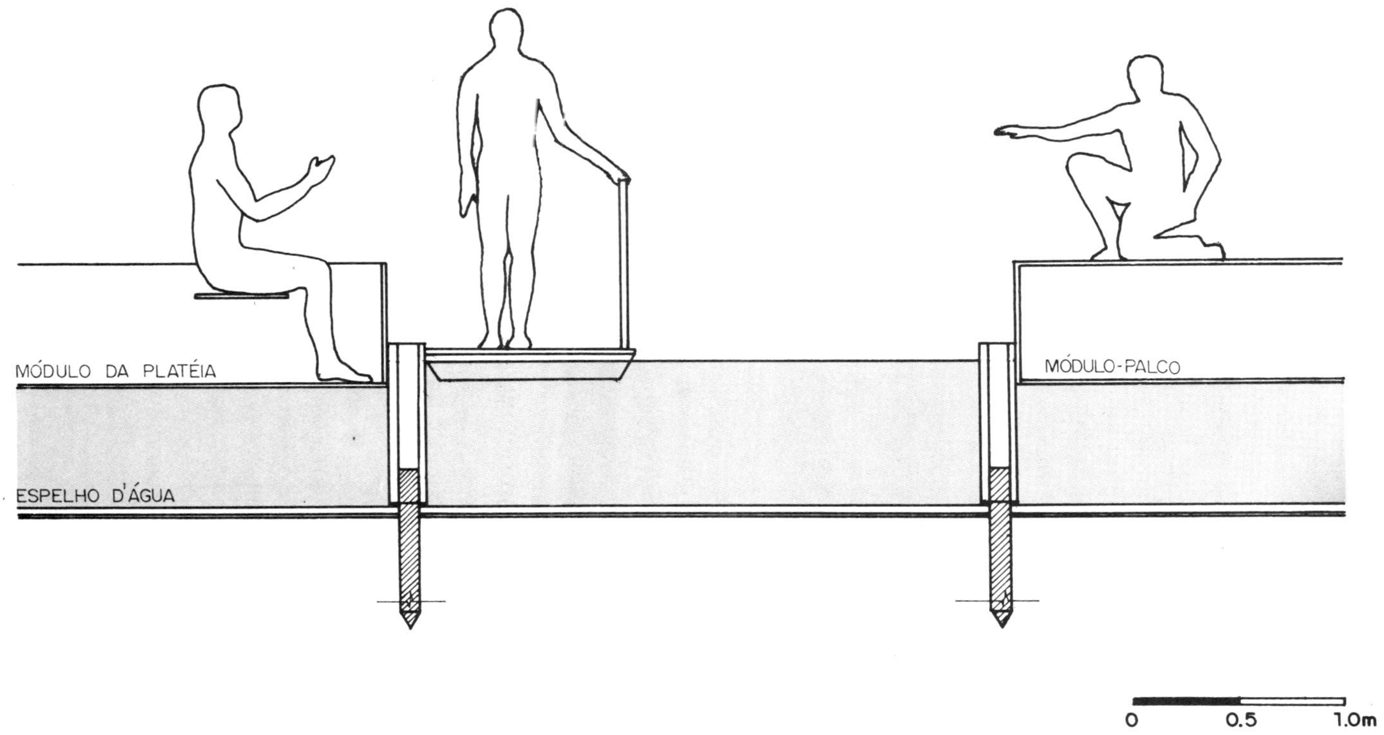
MÓDULO DA PLATÉIA
ESPELHO D'ÁGUA
MÓDULO-PALCO
0
0.5
1.0m

LEIA TAMBÉM

Esta coletânea tem como objetivo auxiliar os que pesquisam ou pretendem investigar o fenômeno educativo no sentido de orientá-lo à opção metodológica mais adequada ao seu projeto de trabalho.

Apresenta textos de diferentes especialistas nos seus diversos enfoques da pesquisa educacional, no que se refere à pesquisa empírica, fenomenológica, etnográfica, dialética, histórica e participante. Sem desvincular-se de uma reflexão teórica, orientadora dos caminhos apresentados, impulsiona o leitor a prosseguir em seu trabalho de pesquisa.

METODOLOGIA DA PESQUISA EDUCACIONAL

IVANI FAZENDA
Organizadora

Dea Fenelon • Elcie Masini
Gaudêncio Frigotto • Ivani Fazenda
Joel Martins • Marli André
Olinda Noronha • Sérgio Luna • Silvio Gamboa

Impresso nas oficinas da
EDITORA PARMA LTDA.
Telefone: (011) 6462-4000
Av.Antonio Bardella, 280
Guarulhos – São Paulo – Brasil
Com filmes fornecidos pelo editor